# Resgate de outras vidas
## STEPHANE LOUREIRO

© 2019 por Stephane Loureiro
© iStock.com/Sviatlana Barchan

Coordenadora editorial: Tânia Lins
Coordenador de comunicação: Marcio Lipari
Capa e projeto gráfico: Equipe Vida & Consciência
Preparação: Janaina Calaça
Revisão: Equipe Vida & Consciência

1ª edição — 1ª impressão
1.500 exemplares — junho 2019
Tiragem total: 1.500 exemplares

**CIP-BRASIL — CATALOGAÇÃO NA PUBLICAÇÃO (SINDICATO NACIONAL DOS EDITORES DE LIVROS, RJ)**

L931r
    Loureiro, Stephane
    Resgate de outras vidas / Stephane Loureiro. - 1. ed. - São Paulo : Vida & Consciência, 2019.
    224 p. ; 23 cm.

    ISBN 978-85-7722-580-4

    1. Ficção espírita. I. Título.

19-55914                         CDD: 808.8037
                                CDU: 82-97:133.9

Todos os direitos reservados. Nenhuma parte desta edição pode ser utilizada ou reproduzida, por qualquer forma ou meio, seja ele mecânico ou eletrônico, fotocópia, gravação etc., tampouco apropriada ou estocada em sistema de banco de dados, sem a expressa autorização da editora (Lei nº 5.988, de 14/12/1973).

**Este livro adota as regras do novo acordo ortográfico (2009).**

Vida & Consciência Editora e Distribuidora Ltda.
Rua Agostinho Gomes, 2.312 — São Paulo — SP — Brasil
CEP 04206-001
editora@vidaeconsciencia.com.br
www.vidaeconsciencia.com.br

*Dedico esta obra aos meus amados Miguel (sobrinho) e Ana Maria (irmã), pequenos anjos de luz no seio de nossa família.*

*Meus sinceros agradecimentos aos amigos da espiritualidade que, com toda a heroica paciência e dedicação — apesar da precariedade do instrumento que lhes escreve —, possibilitaram que o presente romance fosse concluído e levado a lume. Para esses incansáveis tarefeiros do Cristo, guardo meu mais sentido abraço de profunda gratidão.*

"Acima de tudo, porém, tende amor intenso uns para com os outros, porque o amor cobre uma multidão de pecados."

*1 Pedro 4:8*

# PALAVRAS DA AUTORA

Noite adentro, refugiada em meu escritório, copo d'água marcado de batom ao lado do computador, posicionado na cadeira em frente ao meu birô acomodava-se meu querido companheiro felino, o Príncipe, observando atento sua tutora escrevendo, ao tempo em que eu, simultaneamente, por reiteradas vezes, confabulava sozinha — e em voz alta — sobre os diversos conflitos narrados na trama.

O filho biológico que a vida me negara estava personificado — companhia singela e amorosa — diante de mim, transmitindo-me silenciosamente seu apoio moral.

Antes de eu concluir a escrita do presente romance, o Príncipe — "o gatinho da doutora Stephane", como diziam os clientes, visto que ele frequentava meu escritório durante o expediente — sumiu por um malogro imprevisível. Sem que ninguém pudesse prever, longe da percepção de qualquer um dos frequentadores e de minha própria percepção, ele escapou por uma triste fatalidade.

Quando o fato se deu, grande parte do romance já estava concluído, mas ainda restavam algumas páginas para encerrar a trama. Mesmo durante esses últimos capítulos, prossegui repetindo o ritual de sempre: continuei ingressando em meu gabinete à noite e convidando o gato desaparecido:

— Vamos trabalhar, Príncipe? —, com a esperança de que ele, quem sabe, atendesse ao meu chamado, como sempre o fazia, e voltasse a se acomodar na poltrona em frente ao meu birô, observando-me trabalhar.

Nesses quase quatro anos de amorosa convivência, o Príncipe presenciou a alegria de tantos momentos marcantes na minha trajetória pessoal, ensinando-me que o "ser mãe" não é mera condição biológica, simples resultado da necessidade do ser humano de perpetuar a espécie. É, sim, a construção, dia após dia, de um vínculo inquebrantável, infinitamente superior às tacanhas limitações físicas e espirituais do ser encarnado.

O "ser mãe" é amar incondicionalmente, não importando os entraves e percalços que a condição humana — sempre endividada perante a Providência — necessita enfrentar. E, com o intuito de ressaltar a gravidade do compromisso assumido pela mulher que se vê abrigando outra vida dentro si, é pertinente mostrar — com toda a sua dura crueza — as seríssimas implicações espirituais da prática do aborto criminoso, intencional. Afinal, a todos é dado o livre-arbítrio de gerir os próprios atos, todavia, ninguém escapa da dolorosa consequência dos erros praticados.

Eis o objetivo do presente romance que, muito embora se trate de uma obra de ficção espírita, se baseou em um aprofundado trabalho de pesquisa histórica e doutrinária, procurando situar o leitor em relação à grave temática do aborto.

Quis a Providência — por razões que fogem à minha estreita compreensão de indivíduo ainda em doloroso processo de resgate pessoal — que eu nunca tivesse a ventura de gerar uma vida dentro mim, em virtude de uma série de fatores que demandariam escrever uma outra obra, apenas com o intuito de explicá-los.

Contudo, aqui estou, caros leitores, para alertá-los de que não desperdicem a preciosa oportunidade de amar incondicionalmente quem quer que lhes venha na condição de filhos — sejam quais forem as circunstâncias e os obstáculos.

Desditosa mãe órfã de filhos, restou para mim, enquanto escrevo essas singelas linhas, apenas e tão somente observar, resignada, a poltrona vazia em frente ao birô, procurando com o olhar o gato Príncipe, que partiu para nunca mais voltar.

*Stephane Loureiro*
Aracaju, 28 de julho de 2017.
21h41

# PRÓLOGO

Posicionada entre as pernas flácidas e trêmulas da cliente, Amparo remexia os ferros frios na cavidade uterina da qual escorria um grosso filete de sangue. Borbotões rubros e viscosos espalhavam-se na beirada da maca improvisada.

Dopada sob o efeito de um poderoso narcótico[1] injetado diretamente na veia, a jovem, que aparentava não ter mais que 17 anos, nada sentia. Ela dormia profundamente no leito pseudo-hospitalar.

Pedaços de carne arrancados com o auxílio de um instrumento que lembrava um torniquete mecânico eram arremessados em uma lixeira fétida e imprudentemente colocada diante de Amparo e logo abaixo da maca.

Uma hora cheia transcorreu, e, com as luvas empapadas de sangue, Amparo retirou do interior do útero da cliente os últimos resíduos de uma gestação brutalmente interrompida no sétimo mês.

— Está limpa. Consuelo, traga a toalha.

---

1  Já era amplamente utilizado pela Medicina da época o narcótico opioide conhecido como "morfina".

Prestativa, a assistente entregou à patroa a imunda flanela felpuda que era costumeiramente utilizada para limpar o entorno da região pubiana das clientes após o procedimento.

O suor escorria abundante da testa quando Amparo se levantou da pequena banqueta, onde, como de costume, realizava a "limpeza" — que era como intitulava seu ofício.

O avental que Amparo trajava estava repleto de nódoas rubras e foi rapidamente retirado. Logo em seguida, ela aproximou-se da pia, lavou o rosto macilento e oleoso, enquanto o suor pingava sobre o pescoço.

Amparo abriu a porta do pequeno recinto e, estampando um largo sorriso, aproximou-se do pai da jovem, que estava sentado na pequena, porém, confortável poltrona da recepção.

— Senhor Orestes, como acertado, a moça está "limpa"!

— Oh! Querida Amparo, como sempre, seus serviços me livram de cada enrascada. Só lamento ter trazido, desta feita, minha malfadada filha até você...

— Não se constranja. Afinal, acidentes acontecem nas melhores famílias.

— Sim... — murmurou o velho senhor Orestes, cliente antigo da clínica de Amparo, habituado a contratar os serviços da mulher para livrar-se das gravidezes indesejadas de seus numerosos casos amorosos.

— Entretanto, meu velho amigo, devo lhe informar que o valor acertado terá que ser pago em dobro — enquanto proferia essas palavras, os olhos da mulher cintilavam gananciosos.

— Como...?! — balbuciou surpreso o pai da jovem que fora submetida ao procedimento.

— A quantia que nós combinamos correspondia apenas a um feto. Entretanto, durante a limpeza, constatei que se tratava de uma gravidez de gêmeos. Nesse caso, devo cobrar-lhe o dobro — disse Amparo friamente.

Apesar do caráter inescrupuloso, Orestes Monferrato recebeu a notícia como se fosse um soco no estômago e, por um ínfimo instante, sentiu o peso do ato que perpetrara, obrigando a própria filha a praticar o brutal aborto. Entretanto, fora um minúsculo instante de remorso, que em nada lhe despertou a consciência. Um instante pequeno demais para mudar a sequência dos fatos.

# CAPÍTULO 1

Virgílio costumava sentar-se duas carteiras após Luana. A sala repleta de alunos compenetrados, que copiavam os apontamentos da lousa, não impedia que, volta e meia, o rapaz olhasse para trás em busca do olhar plácido da bela moça de cabelos loiros e olhos castanhos esverdeados, que tanto magnetismo exercem sobre o jovem estudante.

Oriundo de uma humilde família proletária, Virgílio estudava como bolsista no mais conceituado colégio católico de São Paulo, frequentado somente pelos filhos e pelas filhas da orgulhosa elite paulistana.

Alto, pele alva, grandes olhos negros, esguio, o rapaz ostentava um atraente porte atlético, que em muito contrastava com a enorme reserva e timidez que marcavam seus modos.

Nesse último ano de estudo, Virgílio preparava-se para enfrentar as provas de admissão na universidade. O sonho de cursar Medicina ocupava os pensamentos do rapaz, disputando lugar apenas com os olhos esverdeados de Luana, que assaltavam a mente de Virgílio reiteradas vezes ao longo do dia, enquanto ele se revezava entre livros e apontamentos.

A pequena e modesta família do rapaz, que era filho único, esforçava-se para que ele não precisasse trabalhar e pudesse dedicar-se integralmente aos estudos. Antônio Carlos, o pai do rapaz, era operário de uma das numerosas fábricas paulistas e trabalhava exaustivamente para oferecer à família uma sóbria, mas digna vida desprovida de luxo.

Laura, a mãe de Virgílio, era uma dona de casa prestimosa e compreensiva, que se esmerava na lide doméstica, empenhando-se nas atividades do lar e no afetuoso trato com o marido e o filho.

Desde a infância, Virgílio manifestava o desejo de tornar-se médico e, desafiando a conjuntura desfavorável devido ao escasso recurso financeiro de que dispunham seus pais, procurava compensar as contingências dedicando-se horas a fio ao estudo.

Virgílio conquistou a bolsa de estudos que custeava integralmente as pesadas mensalidades do conceituado Colégio São Bento, quando alcançou o primeiro lugar em uma seleção pública promovida pela instituição. As mensalidades, bem como livros e o fardamento, eram custeadas anualmente pelo colégio, o que aliviara os pais do rapaz dessa preocupação.

A rotina austera de Virgílio, belo jovem de porte atlético, causava admiração em quem o conhecia de perto. Ao contrário dos rapazes de sua idade, interessados em namoricos e esportes, o compenetrado rapaz dedicava sua jornada diária exclusivamente aos estudos.

Não apreciava festas ou qualquer espécie de divertimento inútil. Acordava religiosamente às cinco horas da manhã e, após a toalete matinal, tomava uma refeição frugal e acomodava-se na escrivaninha do quarto, onde os livros, organizados de modo a facilitar-lhe o estudo, já o esperavam.

Horas depois, Virgílio arrumava-se para ir ao colégio. Frequentava as aulas à tarde e, logo ao cair da noite, retornava caminhando para casa. Após o jantar, o rapaz retomava a jornada de estudos para só depois da meia-noite descansar durante o sono reparador os nervos frágeis e diversas vezes irritadiços.

Luana, por sua vez, era dona de um temperamento volátil e desafiador e em nada assemelhava-se ao pai rígido, prepotente e engessado pelas aparências que ostentava a elite burguesa da São Paulo do início do século XX.

O ano era 1929.

Filha única de um magnata rico e viúvo, que engordara a fortuna herdada dos ascendentes europeus investindo na cafeicultura e agora na nascente indústria automotiva brasileira, importada do exterior, nada lhe faltava em beleza, recursos financeiros e rebeldia.

Enormes olhos esverdeados despontavam na alvíssima pele branca e vítrea de Luana e os lábios naturalmente vermelhos e carnudos da jovem se insinuavam provocantes logo abaixo do nariz arrebitado e orgulhoso. Os cabelos lisos e loiros completavam a moldura do rosto falsamente angelical.

A deslumbrante moça frequentava o Colégio São Bento no centro da capital paulista por imposição do pai. Luana não se interessava pelos estudos ou por qualquer outra atividade que pudesse lhe enriquecer o intelecto.

Costumava passar o dia lendo revistas de moda e gastando em roupas de grife e artigos de luxo a polpuda mesada que Orestes Monferrato, seu pai, dava-lhe mensalmente

Arrogante e voluntariosa, Luana costumava destratar os empregados que trabalhavam no enorme casario estilo vitoriano, monumental propriedade de sua tradicional família.

***

Em uma segunda-feira de janeiro, deitada na cama ricamente entalhada, que compunha com o restante da mobília do quarto a requintada e feminina decoração da alcova que lhe pertencia, Luana gritou irritada:

— Imprestável! Empregada inútil! Traga-me já o refresco que pedi há horas para suportar esse calor absurdo!

Imediatamente, a moça foi prontamente atendida pela humilde empregada, que lhe pôs no colo a bandeja com o refresco e a travessa sortida de biscoitos e torradas.

Após mastigar alguns dos finos confeitos à guisa de repasto, Luana abandonou a bandeja ao lado da cama, deitou-se de bruços e, de olhos fechados, pôs-se a pensar repentinamente no atraente e tímido bolsista Virgílio, que, costumeiramente, lhe arrancava suspiros de enlevo.

***

Enquanto dirigia desconfiado seu luxuoso automóvel pela via pouco movimentada do tradicional bairro de Higienópolis, Orestes Monferrato, ansioso, consultava a toda hora o belíssimo e luxuoso relógio de pulso, que, naquele instante, marcava exatamente onze e meia da noite.

O magnata já antegozava os momentos de prazer que desfrutaria em companhia da bela e devassa Consuelo. Precisava desanuviar os nervos abalados para enfrentar o dia seguinte, no qual marcara a realização do aborto em desfavor de Luana.

Viúvo da amantíssima esposa Regina, que morrera por ocasião do parto da única filha que o casal tivera, Orestes fazia questão de ostentar a falsa aparência de rígida viuvez, sobriedade e retidão.

Estacionou o requintado automóvel importado em frente a uma residência de fachada elegante, que revelava o poder aquisitivo das moradoras e que em nada deixava a desejar em termos de ostentação e glamour.

Anoitecia, e, antes de descer do automóvel, Orestes prudentemente se certificou de que não havia ninguém por perto. Vestindo um soturno sobretudo negro, dirigiu-se com passadas rápidas até o portão de entrada do casario, que já o aguardava entreaberto.

Alguns passos após, Orestes atravessou a porta da enorme sala, elegantemente guarnecida de rica mobília. Subiu dois lances de escada e, ao longe, ouviu tocar no gramofone[2] a belíssima sonata de Chopin.

Ao alcançar finalmente o patamar pretendido, Orestes adentrou vagarosamente a alcova de onde desprendia um delicioso aroma almiscarado.

Embevecido, ele contemplou diante de si o belíssimo corpo despido de Consuelo, que o aguardava languidamente estendido na cama.

***

Arrancados brutalmente do invólucro corpóreo, os espíritos recém-desencarnados reassumiram de imediato a aparência que ostentaram na última passagem pela vida terrena.

Leônidas e Antero, expulsos prematuramente do veículo físico, além da tortura de terem os corpos estraçalhados lentamente dentro do útero materno, ficaram estarrecidos ao observarem o ambiente onde se dera o duplo assassinato: no pequeno recinto em que fora realizado o aborto, inúmeros desencarnados sequiosos de vingança se amontoavam, dividindo o espaço com os obsessores das duas mulheres que faziam da prática ostensiva de abortos um meio de vida.

A balbúrdia era geral. Ouviam-se gritos, risadas e impropérios surgirem por todos os lados. O ambiente assemelhava-se verdadeiramente a um hospício e era frequentado exclusivamente por desencarnados de aparência trevosa.

Pairava no ambiente uma névoa densa, escura e ligeiramente pegajosa. Muitos dos desencarnados ali presentes apresentavam o perispírito deformado, profundamente alterado, e alguns ostentavam, inclusive, a aparência fetal. A visão do ambiente era pavorosa.

---
2    Distante precursor do toca-discos.

Embora se sentisse ainda sob a repercussão das agressões sofridas no desencarne violento, Antero manteve-se minimamente lúcido. Atordoado, Leônidas, ainda não tomara inteiramente pé da situação e, cambaleante, sentou-se ao lado da maca improvisada.

Penalizado, Antero observava a aparência exangue da jovem mulher que teria desempenhado para ele o papel de mãe se não o tivessem assassinado.

Trevosas entidades coladas à jovem sugavam-lhe os últimos resquícios de sua energia vital[3], tencionando, desse modo, vingarem-se indiretamente da dupla de criminosas que ceifaram a existência terrena de tantos espíritos ali presentes.

Impotente, Antero presenciava os acontecimentos. O horror paralisou-o.

Erguendo-se do chão, Leônidas balbuciou algumas palavras desconexas quando os dois ouviram, penalizados, o último suspiro estertor de Luana.

Alheia a tais acontecimentos e posicionada de costas para a cliente, Consuelo organizava os frascos de unguentos escusos enfileirados nas prateleiras do recinto onde se davam os procedimentos.

Ao se virar para recolher os instrumentos utilizados durante o procedimento, um frio transpassou o corpo de Consuelo quando ela constatou, apavorada, que a jovem morrera.

Uma enorme poça de sangue formou-se em questão de minutos na maca. Entre as pernas da cliente, o líquido rubro e malcheiroso escorria no piso esmaltado.

Completamente trêmula de pavor, Consuelo gritou:
— Valei-me, Cristo!

Amparo, que no recinto contíguo negociava com Orestes o valor do aborto, ouviu a exclamação apavorada da auxiliar e retornou imediatamente à sala de procedimentos. A mulher

---

3 Energia ou fluido vital só existe nos seres orgânicos animados, possibilitando-lhes a vida, e pode ser objeto de vampirismo de irmãos desorientados e profundamente comprometidos com a prática do mal.

estancou paralisada diante da maca ao se deparar com o corpo exangue de Luana minando sangue, que se espalhara em uma enorme mancha rubra no chão do recinto.

— Traga-me o rolo de gaze, imprestável! — esbravejou Amparo em desespero, na tardia tentativa de estancar a hemorragia.

Enquanto Amparo encharcava a gaze de sangue, pressionando-a dentro do útero da jovem, Consuelo empreendeu uma desajeitada massagem cardíaca na jovem, na vã tentativa de reanimar Luana.

Torturantes minutos passaram-se até que as duas comparsas, aterrorizadas, constataram que Luana Monferrato, filha de uma das mais poderosas e influentes figuras da elite paulistana, morrera em suas mãos criminosas.

# CAPÍTULO 2

A manhã transcorrera lenta para Virgílio. O jovem rapaz contava os minutos para rever a musa que lhe inspirava os mais ardentes sentimentos. Relutara muito até admitir para si mesmo, angustiado, que estava apaixonado pela voluntariosa Luana.

Todos os dias, quando se sentava para assistir à aula, os olhos do rapaz procuravam os olhos esverdeados da jovem que lhe figurava como ideal de beleza.

Virgílio, contudo, nunca entendera a razão pela qual Luana, que sempre o esnobara, mantendo com ele uma atitude claramente indiferente, passara a procurá-lo reiteradas vezes durante os intervalos, pretextando conversar — justo com ele, que sempre fora tão tímido e retraído e que mal conseguia sustentar o olhar para aquela bela face vítrea e precocemente sedutora.

Enquanto caminhava pensativo até o colégio, Virgílio recordou-se da ocasião insólita em que Luana se aproximou dele pela primeira vez. Sentado na escada no final do corredor onde se situava a sala de aula, livro entre as mãos, Virgílio lia compenetrado. Repentinamente, Luana acercou-se do rapaz e, tomando-lhe o livro das mãos, disse divertida:

— Deixe-me ver o que você está lendo...

A jovem folheou rapidamente o romance, tentando demonstrar algum interesse, e prosseguiu, pondo o volume de lado: — Já lhe disse que o acho muito atraente?

— Como? — Virgílio balbuciou constrangido.

— Isso mesmo que você ouviu. Atraente, elegante, misterioso...

— O-obrigado... — Virgílio gaguejou constrangido.

— Que tal se, depois da aula, eu lhe der uma carona até sua casa? Poderíamos nos conhecer melhor — convidou Luana maliciosa.

— Não precisa. Minha casa é perto daqui. Obrigado, mas vou caminhando mesmo.

— Imagina! Está combinado! Vou levá-lo até sua casa hoje e não aceito recusa. No final da aula, meu motorista nos aguardará estacionado perto do portão de entrada. — E, sem esperar resposta do jovem rapaz envergonhado, Luana beijou-lhe no canto da boca.

Desde então, todos os dias, os dois jovens passaram a estreitar os laços de amizade e afeto crescentes um pelo outro e a encontrar-se às escondidas. As caronas que Luana oferecia a Virgílio evoluíram para encontros programados em locais ermos nas dependências do próprio colégio.

Beijos calorosos e carícias cada vez mais íntimas povoavam os encontros do jovem casal, que somente se preocupava em aproveitar os raros e perigosos momentos de prazer que conseguiam vivenciar juntos, às escondidas.

Entretanto, sem que pudessem mensurar a gravidade do ato que estavam empreendendo, em um daqueles breves momentos de volúpia, excederam-se. As carícias trocadas culminaram em um ato sexual completo. Os dois jovens entregaram-se, inteiramente, um ao outro, em uma conjunção carnal.

***

Tomado por um gélido terror, Orestes invadiu a sala.

Estarrecido, ele deparou-se com a filha absolutamente exangue, olhos abertos, pernas escancaradas, enquanto Amparo ainda tentava, inutilmente, conter o sangramento descomunal.

— Não sei o que aconteceu! Isso nunca o-ocorreu antes... — trêmula, Amparo gaguejou à guisa de explicação.

Ensandecido, Orestes afastou com um safanão Amparo do corpo inerte da filha e, em lágrimas, debruçou-se sobre a jovem. A comoção de Orestes, contudo, durou apenas um instante. Repentinamente, ele volveu o olhar em direção a Amparo.

Praguejando e tomado pela revolta, ele transmutou toda a dor que sentia em fúria, canalizando-a para a mulher em cujas mãos morrera Luana.

— Eu não lhe paguei para matar minha filha! — gritou, avançando sobre Amparo. Orestes socou-a com raiva e só não a matou, porque Consuelo se atirou sobre o homem, tolhendo-o.

— Orestes, por favor, não mate minha mãe! Piedade!

A voz desesperada de Consuelo o fez estancar. A mulher agarrara-se ao corpo de Orestes, enquanto ele chutava Amparo, já desfalecida no chão.

O homem afastou Consuelo de si e volveu o olhar para a filha morta. Banhado em lágrimas, ele retirou-se do recinto e dirigiu-se célere para casa, de onde telefonou para alguns conhecidos a fim de providenciar que tal acontecimento não despertasse suspeitas sobre si.

No dia seguinte, após empreender todos os acertos possíveis, deu-se sem alarde o singelo enterro do corpo de Luana. O ilustre magnata fez correr propositadamente a notícia de que sua filha tivera um mal súbito e morrera.

Sem funeral, sua única herdeira foi sepultada no suntuoso jazigo da família Monferrato, na presença do próprio magnata e de dois soturnos coveiros.

***

Dopada, Luana nada percebeu. Lentamente, a moça sentiu que se desprendia do invólucro corpóreo e então, de repente, adormeceu, tomada por um novo e mais poderoso torpor.

Quando despertou, viu-se em um ambiente que em nada se assemelhava ao recinto gélido em que o cruel aborto fora realizado. Um leve atordoamento confundia-lhe os sentidos.

Luana abriu os olhos e, direcionando o olhar à sua volta, procurou reconhecer o local. Nada era familiar. Ela balbuciou vagarosamente:

— Onde estou...?

Uma caridosa mão, então, repousou na testa da moça e uma voz doce sussurrou:

— Volte a dormir, querida filha.

Assim, após mais uma sessão de sono profundo, que durou horas, Luana despertou novamente, agora sem a sensação de atordoamento outrora experimentada.

Erguendo o tronco recostado no leito macio, Luana observou que se encontrava sozinha em um recinto acolhedor.

As paredes, caiadas com um leve tom salmão, contrastavam com uma grande janela branca, diante da qual a cama da jovem fora posicionada.

A mobília — dois criados-mudos, um pequeno guarda-roupa e uma escrivaninha, em cima da qual repousava um discreto jarro de flores — apresentava a aparência rústica e, ao mesmo tempo delicada, do pinho-de-riga[4].

Levantando-se do leito, Luana caminhou alguns passos em direção à janela e observou o horizonte, que lhe pareceu assombrosamente belo.

O sol punha-se e cingia admiravelmente o céu de tons escarlates e alaranjados. O olhar contemplativo da jovem analisava a vista do terreno à frente, formado por um extenso tapete de grama de verde e viçosa, de onde despontavam, por todos os lados, árvores robustas e pássaros canoros.

---

4   Árvore cujo nome científico é *Pinus sylvestris*, amplamente utilizada para a manufatura de mobiliário no plano terrestre.

Suavemente, um leve abraço envolveu os ombros de Luana. Silenciosa, Regina aconchegou a cabeça da filha no colo.

Luana chorava mansamente, compreendendo de súbito que não pertencia mais à gleba terrestre.

— Filha querida, há quanto tempo ansiava reencontrá-la.

Regina apresentou-se a Luana exatamente como a jovem a guardara na memória, por conta dos inúmeros retratos que costumava, às escondidas, rever nos álbuns da família.

Desencarnada aos 28 anos por ocasião do parto da própria Luana, Regina Pontes Monferrato ainda ostentava a beleza contida das mulheres da época em que estivera encarnada.

Os cabelos negros e sedosos estavam presos em um coque e contrastavam com a pele branca e os olhos castanho-escuros de Regina, que eram guarnecidos por delicadas e discretas sobrancelhas naturalmente desenhadas. Os lábios finos pareciam dois pequenos riscos rubros no rosto vítreo e sereno. Mãe e filha pouco se assemelhavam fisicamente. Luana, diametralmente oposta à mãe, ostentava uma beleza exuberante e voluptuosa, herdada do pai.

Tomada pela emoção do reencontro e pela constatação da própria morte, a jovem recém-desencarnada chorava copiosamente agarrada ao pescoço de Regina, que, embora demonstrasse grande serenidade, intimamente sentia-se penalizada pelas circunstâncias criminosas em que se dera o desencarne absolutamente cruel e prematuro da própria filha.

# CAPÍTULO 3

Virgílio adentrou a classe e notou os olhares piedosos que lhe dirigiam os colegas de sala. Ao sentar-se na carteira, estranhou o silêncio da turma naqueles minutos sempre tão movimentados que antecediam o início da aula.

O rapaz procurou Luana com o olhar e pensou: "Não veio para a aula hoje. Que tédio!".

Todos na classe, inclusive os professores, tinham conhecimento da relação afetuosa de Luana e Virgílio, haja vista, nos últimos meses, os encontrassem sempre juntos no colégio. Contudo, embora o namoro velado dos dois jovens saltasse aos olhos, nada era admitido abertamente pelo casal.

Dona Carmélia, professora de Literatura, sempre muito gentil e bonachona com os alunos, nutria grande carinho por Virgílio devido ao empenho do jovem nos estudos, apesar dos seus parcos recursos em virtude da origem humilde.

A nobre professora, ao adentrar a sala de aula, discretamente chamou Virgílio para conversar:

— Meu jovem, por favor, me acompanhe até a sala dos professores.

Prestativo, Virgílio levantou-se da carteira e caminhou até a sala, onde a velha professora se acomodou, ocupando uma pequena poltrona marrom em um canto mais reservado do recinto.

— Virgílio, sente-se aqui ao meu lado. Precisamos conversar.

O jovem, curioso, sentou-se e perguntou:

— Pois não?

Escolhendo com cuidado as palavras, a mestra falou:

— Meu anjo, lamentavelmente, não lhe trago uma boa notícia. A direção recebeu hoje cedo uma ligação emocionada do senhor Orestes Monferrato, informando cheio de pesar que nossa querida Luana teve um passamento... — dona Carmélia fez uma pausa significativa, respirou profundamente e prosseguiu: — Ela morreu subitamente.

Virgílio sentiu o chão faltar sob seus pés. O jovem simplesmente não conseguiu pronunciar qualquer palavra e veio-lhe à mente a imagem voluntariosa de Luana, com seus cabelos sedosos e o sorriso sedutor que lhe era tão peculiar.

Virgílio recordou-se de quando, oito semanas após o casal se entregar ao prazer, Luana revelou-lhe, desesperada, nos átrios daquele mesmo colégio onde os dois se encontravam às escondidas, a gravidez constatada pela jovem.

Ele reviveu mentalmente todo o grave colóquio travado entre os dois. Angustiada, Luana disse entre lágrimas:

"Meu amor, minhas regras faltaram por duas vezes seguidas... Acho que estou esperando um bebê."

"Como?!", perguntou Virgílio, aturdido.

"Sim, estou grávida, meu amor. Não sei o que fazer... Meu pai vai acabar comigo."

"Não se desespere, nós daremos um jeito. Tem que haver uma solução. Já sei! Me apresentarei ao senhor Orestes e a pedirei em casamento."

"Você está louco?! Meu pai nunca consentiria nosso casamento. Você é pobre, e ele não aceitará isso."

Enquanto falava, Virgílio estreitava a moça entre os braços de modo ainda mais forte e carinhoso.

"Meu amor, então só há uma solução pra nós dois: fugir", Virgílio disse resoluto.

"Talvez, se eu reunisse umas economias que tenho e pegasse as joias de minha mãe... quem sabe a gente não pudesse ir a algum lugar distante?"

O rosto de Luana iluminou-se de repente. A jovem arrematou:

"Alguns parentes da minha falecida mãe moram no Chile. Eles definitivamente não suportam meu pai. Posso levantar algum dinheiro penhorando as joias da minha mãe e juntar com as economias que tenho. Com isso, podemos fugir para lá. Seremos bem recebidos. É arriscado, mas é a opção que temos. O que acha?", perguntou Luana, com a expressão cheia de esperança.

Virgílio recordou-se de tudo como num filme que passava em sua cabeça. Da imagem linda do ventre já ligeiramente protuberante de Luana, cuja gestação era dolorosamente ocultada sob uma cinta apertada, e de todo o planejamento que vinham fazendo para fugirem juntos da fúria de Orestes Monferrato.

Com o golpe da notícia da morte inesperada da jovem grávida, o rapaz perdeu a consciência da realidade ao redor por alguns instantes.

Percebendo o repentino alheamento do rapaz sob o choque da perda sentida, Dona Carmélia correu ao bebedouro em busca de um copo d'água.

— Virgílio, acorde! Acorde! Está tudo bem com você?

O rapaz nada disse ao chamado da professora e permaneceu desnorteado na cadeira, enquanto revia na mente os modos petulantes da moça que tanto o encantara desde o primeiro instante em que a vira alguns anos atrás.

Lágrimas corriam no rosto de Virgílio, enquanto ele se recordava do ventre da futura mãe, que tentava, a todo custo, ocultar a barriga sob as vestes cada vez mais apertadas.

Virgílio pensara nos planos de fuga que haviam arquitetado e que se concretizariam na segunda-feira seguinte, data em que tinham marcado para fugir.

Tudo já estava acertado. Passagens compradas, passaportes falsificados — devido à menoridade dos dois jovens —, que só foram possíveis após Luana entrar em contato com os tios de sua mãe que moravam no Chile e que acionaram amigos poderosos no Brasil para viabilizarem a documentação adulterada.

Faltavam apenas quatro dias para a viagem, e o jovem Virgílio, inconformado, recebeu a funesta notícia da inexplicável morte da moça pela qual abriria mão do seu futuro, viajando para um país absolutamente desconhecido para si, para que, juntos, conseguissem fugir de Orestes.

Vários e tortuosos minutos se passaram até que o jovem, despertando de uma espécie de transe catártico, perguntou ensimesmado:

— Onde Luana foi enterrada?

\*\*\*

Do luxuoso escritório de onde costumava despachar com seus empregados, situado nas dependências da imponente mansão localizada na Avenida Paulista e que lhe servia de residência, um soturno Orestes segurava uma garrafa de legítimo uísque escocês, que não lhe saía das mãos. O desespero fez-lhe dispensar o uso de copo, e ele, tomado pela embriaguez, tentava reorganizar as ideias.

Desorientado, Orestes refletia: "Perdi minha filha... minha única filha, a luz dos meus olhos...". Enquanto isso, revia, mentalmente, as cenas do evento trágico.

Ele recordou-se daquela ainda vívida manhã cinzenta de quinta-feira, na qual se dera o início do evento trágico. Orestes tivera a ideia de procurar no cofre de sua falecida esposa um singular cordão de ouro branco, com o qual tencionava presentear Consuelo.

Ao chegar em casa, após se entreter com uma prazerosa vistoria de sua fábrica de automóveis, fundada em parceria com diversos magnatas estrangeiros e investidores paulistas e da qual era sócio majoritário, Orestes dirigiu-se ao compartimento camuflado no antigo *closet* da falecida Regina Monferrato a fim de procurar a joia. Entretanto, tamanha fora sua decepção ao constatar que todas as valiosas peças tinham sido sorrateiramente furtadas. Não restara sequer um único anel que houvesse pertencido à sua falecida esposa. Absolutamente tudo havia sido subtraído.

Sem alimentar qualquer dúvida a respeito da autoria do furto — considerando que sua própria filha era a única pessoa que, além dele, tinha conhecimento da existência de tal cofre —, Orestes encaminhou-se a passadas rápidas para o quarto da malfadada jovem.

Ele bateu furiosamente na porta.

— Infeliz, abra já essa porta, antes que eu a arrebente!

Luana, que naquele exato momento arrumava uma pequena mala para a fuga anteriormente planejada, mais que depressa a ocultou dentro do guarda-roupa. Pálida, a moça abriu a porta do quarto, pela qual o pai atravessou ensandecido.

— Diga-me, agora, onde estão as joias de Regina, sua irresponsável!

— E-eu não sei, pa-pai. Juro! — gaguejou Luana.

Sem pensar duas vezes, Orestes segurou-a pelos cabelos e perguntou novamente:

— Onde estão as joias?

Diante da reiterada negativa da filha, Orestes atirou-a violentamente sobre a cama e, quase sem acreditar no que seus olhos viam, reparou no abdômen túrgido que surgira, comprimido sob uma cinta apertada, despontando da camisa desabotoada por ocasião do empurrão. Repentinamente, ele constatou sem a menor sombra de dúvidas que Luana estava grávida.

Insano, Orestes arrancou do corpo da filha, apavorada e estendida na cama, a cinta que lhe ocultava o ventre, constatando, sem permeio de dúvida, a gravidez escusa de Luana.

— Irresponsável, infeliz! Agora, além de tudo, grávida!

Entre lágrimas e desesperada, Luana confessou que empenhara as joias da falecida mãe para fugir.

Absolutamente tomado pela fúria, Orestes esbravejou:

— Quem é o infeliz? Vamos, diga-me! Quem é o infeliz com o qual você se deitou?

Em resposta, Luana apenas soluçou apavorada.

Diante da recusa da filha em revelar-lhe a identidade do homem que a engravidara, Orestes surrou-a.

Bofetadas e safanões deformaram o belo rosto da jovem, que, rapidamente e em diversos pontos, assumiu um horrendo tom arroxeado.

— Não vai me dizer quem é o safado, não é mesmo?

A jovem mal podia pronunciar qualquer palavra em resposta. Todo o seu rosto e corpo doíam profundamente devido às pancadas impiedosas do pai. Luana balbuciou:

— Piedade, meu pai... minha barriga...

As diversas súplicas que a moça fizera a Orestes, contudo, de nada adiantaram para conter a fúria daquele homem possuído pela raiva e que só parara de bater na filha porque já lhe doíam os punhos cerrados.

Massacrada pela dor, a jovem em nenhum momento revelou a identidade de Virgílio, e tal recusa enfureceu Orestes ainda mais.

Antes de sair do recinto, o homem, por fim, disse:

— Não importa que você não me diga quem foi o canalha! Hoje mesmo darei um jeito nessa gravidez! Não permitirei que suje a imagem de nossa família! — e, ao dizer isso, Orestes retirou-se do quarto da filha, enceguecido pelo ódio.

Assim, revendo mentalmente todas as lamentáveis cenas que culminaram na morte criminosa de Luana, Orestes, ébrio, tomado pela culpa e com uma garrafa quase vazia entre as mãos, procurava uma saída para anestesiar a dor que o massacrava.

Enquanto pensamentos desordenados povoavam os escaninhos beligerantes da psique de Orestes e sem que ele pudesse se dar conta, encontravam-se, jungidos ao seu perispírito, irmãos desencarnados em profundo estado de desequilíbrio e que, naquele exato instante, iniciaram uma terrível empresa para satisfazer um inflamado desejo de vingança.

***

Estendida no chão fétido do recinto, Amparo recobrou a consciência. A mulher desmaiara por alguns instantes devido à fúria dos golpes que recebera.

Apavorada, Consuelo erguera-a apressadamente, temendo a chegada, a qualquer momento, da polícia ou o retorno do próprio Orestes, talvez com o fito, desta feita, de eliminar a vida das duas.

Com um dos braços ao redor do pescoço da filha e ajudante, Amparo caminhou lentamente até a saída do recinto, antecedido pela recepção, ambos localizados nos fundos da propriedade que lhes pertencia no requintado bairro Higienópolis.

Após vários minutos de tortuosa caminhada, as duas alcançaram a alcova de Amparo. Consuelo deitou a alquebrada mulher no leito e começou a arrumar as malas desesperadamente, para que, juntas, pudessem evadir-se do local do crime.

Inesperadamente, no entanto, um dos empregados que lhes serviam na residência bateu discretamente na porta do quarto e disse com afetado sotaque francês:

— *Mademoiselle* Consuelo, dois cavalheiros encontram-se no *hall* e desejam falar-lhe.

Completamente trêmula, ela respondeu:

— Pois lhes diga que já estou descendo!

Rapidamente, Consuelo adentrou a suíte da alcova, lavou o rosto e, às pressas, maquiou-se a fim de ocultar a terrível aparência de assombro que envergava.

A mulher desceu os lances de escada que conduziam ao *hall*, aparentando uma calma calculada.

Dois homens soturnos carregavam cada um grossas maletas e aguardavam-na sentados nas poltronas. Ao vê-la, levantaram-se e cumprimentaram a anfitriã secamente.

Quando os avistou, Consuelo disse:

— Pois não, senhores. Em quê lhes posso ser útil?

Um dos estranhos visitantes respondeu em um tom de voz quase inaudível:

— Viemos por ordem do senhor Monferrato buscar a encomenda na sala de procedimentos.

Consuelo empalideceu e, alcançando rapidamente o melindre daquelas palavras, respondeu:

— Fiquem à vontade, senhores.

A mulher acompanhou-os até o escuso recinto e, aturdida, observou quando os dois homens retiraram das maletas que portavam espessas mantas de lona, onde, cuidadosamente, envolveram o corpo inerte de Luana, ocultando-o completamente.

Depois da envoltura do cadáver, um dos visitantes pediu permissão a Consuelo para, após entrar com o automóvel nos fundos da propriedade, estacioná-lo ao lado da sala de procedimentos e introduzirem o corpo camuflado da jovem no porta-malas do veículo. Feito isso, os homens retiraram-se em seguida da propriedade, certificando-se de que não houvera testemunhas.

Consuelo suspirou aliviada enquanto acompanhava com o olhar baço o automóvel negro ultrapassar a saída da propriedade.

# CAPÍTULO 4

  Chocados com a violência do desencarne experimentado ainda no útero materno — com toda a característica crueza daquele procedimento abortivo específico, no qual o feto é literalmente despedaçado no interior da cavidade uterina com o auxílio do instrumento cirúrgico conhecido como Tesoura Embrionária[5] — e atordoados pela balbúrdia generalizada provocada por todos os desencarnados presentes no recinto, Leônidas e Antero ainda permaneciam no local do crime.

  De um salto, tomado por um lapso de sensatez, Antero segurou Leônidas pelo braço e puxou-o para fora da sala de procedimentos, da qual se retiraram, caminhando visivelmente desarvorados.

  Longe dos átrios da residência de Amparo, Antero e Leônidas andaram até alcançarem a bela Paróquia de Santa Terezinha do Menino Jesus[6], na qual adentraram, buscando serenar as emoções.

  Quando se sentarem em um dos longos assentos destinados aos fiéis que lá frequentavam, os dois nada disseram um ao outro, permanecendo em silêncio absoluto. A

---

5 É um dos diversos instrumentos utilizados nos procedimentos abortivos. É comumente usada para cortar cabeça, tronco e pernas do feto.

6 Localizada em Higienópolis, foi construída no final da década de 1920.

tranquilizadora atmosfera do recinto facilitou-lhes a organização dos pensamentos.

Enquanto Leônidas observava a beleza da nave e a riqueza do luxuoso altar adornado por belos afrescos, Antero procurava concatenar as ideias. De repente, uma mão delicada tocou-lhe o ombro.

Ao seu lado, uma figura singela, porém, profundamente serena, envergando mavioso e característico hábito marrom dos carmelitas descalços, sorriu-lhes amistosa, enquanto dizia: — Caros irmãos, posso ajudá-los? Chamo-me Serafim. Sou um humilde tarefeiro desta casa de auxílio aos irmãos desamparados e estou a serviço de nosso senhor Jesus Cristo.

Tocado pela delicadeza daquela figura humilde que se apresentava desarmando o espírito naturalmente desconfiado, Antero respondeu:

— Chamo-me Antero, e este a meu lado é Leônidas. Na verdade, não sabemos bem o que fazer e...

Sem esperar que Antero desse continuidade à frase e captando o estado de desorientação dos dois espíritos recém-desencarnados, Serafim interrompeu-o delicadamente e, sentando-se entre os dois rapazes, disse:

— Vejo que vocês estão de volta à realidade espiritual há pouco tempo. Sei o quão duro pode figurar o processo de desencarne para os irmãos que ainda se encontram despreparados para a vida além do cárcere corpóreo.

Quebrando o soturno silêncio ao qual costumava se entregar nos momentos de grande confusão e denotando a inquietude que o dominava, Leônidas questionou a singela figura:

— Diga-me, frei Serafim, como devemos proceder de agora em diante? Fomos cruelmente expulsos do útero materno e nem sequer tivemos a oportunidade de reingressar de fato na vida corpórea. A mulher que deveria nos receber como filhos desencarnou por ocasião do aborto ao qual fora obrigada a submeter-se. Ainda sinto repercutindo em mim a dor dos instantes terríveis vivenciados durante a aniquilação dos nossos diminutos corpos ainda em fase de estruturação!

Grossas lágrimas escorriam pela face de Leônidas enquanto ele falava. Não suportando a crueza dos fatos ainda profundamente vívidos em sua mente, ele desabou em um sentido choro convulsivo nos braços do frei Serafim.

— Tenha paciência, meu filho! Deus não nos desampara um instante sequer — sussurrou o ancião, procurando confortar o rapaz. E prosseguiu em tom mais audível: — Meus queridos, vocês estão em um posto de atendimento a irmãos desencarnados que ainda permanecem presos à crosta terrestre. Posso encaminhá-los, com o auxílio dos demais tarefeiros desta casa, à colônia Raio de Luz à qual estamos vinculados. Lá vocês encontrarão o amparo e a orientação necessários para encetarem o processo de recuperação desse doloroso desencarne que lhes foi infligido.

Interrompendo-o bruscamente, Antero levantou-se do assento e, repentinamente enfurecido, disse:

— Caro frei, agradeço seu sincero oferecimento, mas não iremos a lugar algum!

— O que é isso Antero?! Como assim "não iremos"?! — questionou Leônidas, aturdido.

— É isso mesmo que você ouviu! Não iremos à colônia alguma! Ou você acha que é justo deixarmos barato as atrocidades que nos fizeram? Mataram Luana, nos mataram, interromperam o planejamento que nos foi feito, e você acha que devemos simplesmente ir embora e deixar que aquela corja de assassinos continue vivendo impunemente?! De jeito nenhum!

— Meu irmão! — disse frei Serafim, procurando transmitir serenidade e apaziguar os ânimos exaltados de Antero. — Deixe para Deus a tarefa de fazer justiça! Somente a Ele compete julgar seus filhos e cobrar-lhes o resgate dos débitos amealhados. Querido filho, compreendo que seu coração esteja ferido, mas deixe a cargo da Providência a reparação dos erros cometidos pelo próximo. A justiça divina é infalível... perdoe! O perdão liberta o espírito!

— Obrigado, frei, mas não quero ouvir mais nenhuma palavra dessa lenga-lenga piegas sobre perdão — disse Antero arrogantemente. E, erguendo Leônidas pelo braço, ordenou: — Vamos embora daqui agora!

— Mas eu quero ficar... eu quero ir para a colônia, Antero. Será bem melhor para nós... — disse Leônidas, sentido.

Antero não respondeu e, segurando o outro pelo braço, arrastou-o em direção à saída depois de dizer, cheio de raiva contida:

— Frei Serafim, não irei a lugar algum enquanto não me vingar da corja que nos assassinou!

Frei Serafim nada disse, limitando-se a observar os dois se retirarem da igreja. Penalizado, pensou: "Pobres irmãos desorientados! Quanto sofrerão ainda...".

\*\*\*

Virgílio correu desarvorado do Colégio São Bento rumo ao Cemitério da Consolação[7], no centro da capital paulista, onde Luana fora sepultada.

Com o sol a pino sobre sua cabeça, Virgílio andava desorientado pelas ruas, onde transeuntes o observavam surpresos com o desespero do rapaz.

Virgílio atravessou rapidamente o portal que fronteava com o luxuoso campo santo e parou subitamente ante à imensidão de corredores ladeados por lápides e túmulos das mais diversas escolas arquitetônicas. Ofegante, ele apoiou-se em uma escultura tumular, com estatura humana, e secou o suor que escorria insistente pela face.

O rapaz perguntava-se intimamente: "Meu Deus, onde estará o corpo de minha princesa...?", quando passou diante

---

[7] Primeiro cemitério municipal do Estado de São Paulo, inaugurado em 1858.

de si um dos inúmeros coveiros que costumavam transitar pelas vielas que entremeavam a infinidade de sepulturas.

— Caro senhor, por gentileza, poderia me dar uma informação?

— Pois não? — respondeu solícito o coveiro.

— Gostaria de saber onde foi sepultada uma moça... ela chamava-se Luana Monferrato. O senhor saberia me informar?

— Oh, sim, claro! Eu mesmo, junto com outro colega, realizei o sepultamento! Ela foi enterrada no luxuoso jazigo da família Monferrato, na quadra 82. É um verdadeiro monumento! Você vai achá-lo facilmente. Siga direto por esse corredor e, logo mais adiante, avistará uma construção colossal, a mais imponente de todo o Cemitério da Consolação. A moça foi enterrada lá.

— Obrigado — respondeu Virgílio, já caminhando em direção ao mausoléu.

Repentinamente, o jovem rapaz estancou diante da grandiosa construção, um monumento portentoso de mármore marrom, ornado com esculturas negras, que se destacava em meio aos demais jazigos. Com o coração batendo descompassado, Virgílio entrou. A atmosfera à meia-luz não ocultava a grandiosidade do recinto.

O rapaz caminhava temeroso, desejando intimamente não encontrar aquilo que buscava. No interior da cripta, várias catacumbas destacavam-se em diversos pontos do recinto com suas esculturas suntuosas e seus chamativos adornos de bronze.

De súbito, Virgílio avistou do outro lado do recinto, pousada no lustroso chão marmóreo, a chama tremeluzente de uma vela solitária. Instintivamente, ele caminhou naquela direção e atravessou todo o salão interno do mausoléu.

A respiração de Virgílio ofegava, quando, de repente, sentiu o coração bater descompassado: diante de si, cravada naquela imensidão megalomaníaca de mármore e bronze, lia-se numa placa de granito negro recém-pregada a indubitável inscrição iluminada pela chama da vela acesa: "Luana Monferrato, 1912–1929. Descanse em paz".

O jovem, incrédulo e profundamente ferido, tombou de joelhos. Lágrimas escorreram abundantes pela face empalidecida de Virgílio, quando, assombrado, ele constatou que de fato a mulher de sua vida, carregando no ventre o fruto de sua carne, morrera.

Completamente desesperado, Virgílio beijou a inscrição na placa de granito, ansiando que, de algum modo, aquele gesto desesperado pudesse alcançar o corpo da amada, que jazia inerte sob a fria lápide.

A seu turno, da espiritualidade, a jovem assassinada estava inconformada:

— Por que teve de ser assim? — questionou Luana entre soluços, deixando escapar uma voz cheia de amargura.

— Minha filha, não estava nos planos da Providência que você deixasse o veículo corpóreo desse modo brutal e prematuro. Infelizmente, você foi vítima do livre-arbítrio mal utilizado de outros irmãos em desequilíbrio, mas não se queixe, minha querida. Sei que a dor é grande, contudo, procure não pensar nisso. Esse não é o momento de fazer perguntas. Quero que sossegue o coração e se fortaleça. Nada receie, pois estamos juntas.

Enquanto Regina afagava os cabelos macios da filha, Luana procurava conter o pranto, que escorria sem cessar pela face.

A lembrança do desencarne brutal permeava-lhe os pensamentos dolorosamente, quando, de repente, lhe veio à mente a imagem de Virgílio chamando-a.

Naquele exato instante, enquanto sua mãe extremosa lhe afagava os cabelos procurando confortá-la, a ausência do homem amado doeu profundamente em Luana. A moça pensava: "Como suportarei a separação que nos impôs a morte? Meu Deus, quanta saudade do meu amor...".

Captando as reflexões de Luana, Regina perguntou:

— Querida, não vê que a separação é apenas aparente? Não percebe que o perecimento do corpo jamais rompe os verdadeiros vínculos de amor? Tenha paciência, minha filha. Tudo se resolverá no devido tempo.

Absorta em sua própria tristeza, Luana nada ouviu das sábias palavras da mãe. E Regina, temendo que a filha sucumbisse ao sofrimento atroz que vivenciava, perguntou:

— Minha filha, que tal se dermos um breve passeio para desanuviar os pensamentos? Você precisa conhecer a Colônia Raio de Luz. Tenho certeza de que se encantará! O que acha?

— Mãe, não estou em condições de sair deste quarto.

— Não aceito um não como resposta! Não é assim que você costuma dizer às pessoas?! Então, o que me diz? Coragem, filha!

— Como sabe que costumo falar isso?

— Minha princesa, eu sempre estive olhando por você. Sei mais de sua vida do que você imagina, mocinha. Por sinal, temos muito o que conversar a respeito do seu comportamento. Vamos andando?

— Mas não posso sair por aí vestida desse jeito! — disse, constrangida, a jovem, que trajava um roupão azul de aparência hospitalar e chinelos brancos de tecido.

— Oh! Quase ia me esquecendo! Deixe que eu lhe apresente seu novo *closet*.

Havia nas palavras de Regina um certo ar de troça, enquanto ela falava e abria o pequeno guarda-roupas de duas portas, onde se viam singelamente pendurados três vestidos simples de algodão, algumas blusas de manga comprida e três saias longas de crepe. Todas as peças apresentavam tonalidades diversas de bege e amarelo, nada que agradasse a impetuosa Luana.

— Escolha uma dessas roupas, querida... ou prefere sair por aí vestida com esse roupão? — perguntou Regina, a fim de conferir maior leveza à situação e dispersar os pensamentos tristes da jovem.

Resmungando, Luana escolheu um vestido bege, com mangas compridas e cintura alta, que lhe caiu muito bem no corpo, apesar da simplicidade.

As duas mulheres retiraram-se do quarto e atravessaram lentamente os corredores do prédio onde se localizava o quarto da jovem recém-desencarnada. Ao saírem das instalações sóbrias do departamento Redenção II, andaram silenciosas pelo belo jardim que o circundava.

Rompendo a atmosfera soturna entre as duas, Luana perguntou:

— Mãe, e o meu bebê? O que foi feito dele? Poderei vê-lo? — a jovem desencarnada, crédula de que estivera grávida de apenas uma criança, questionou ingenuamente.

— Minha querida... — cautelosa, Regina sentou-se num banco caiado de branco e circundado pelo jardim e, acompanhada pela jovem, cujo olhar ansioso aguardava uma resposta, respondeu: — Sim, no momento adequado, você poderá vê-los.

— Como assim... vê-los?

— Luana, sinto lhe dizer, mas você estava esperando dois meninos. Eram gêmeos.

A jovem, chocada com a informação, nada disse por longos instantes. Angariando forças, finalmente perguntou: — Onde estão meus filhos?

— Querida, no momento, você não está em condições de vê-los. Na verdade, eles não tiveram a mesma oportunidade que você teve de, ao desencarnar, ser imediatamente conduzida até esta santa instância de cura e repouso. Antes de tudo, preciso que você se fortaleça para podermos, em breve e juntas, auxiliá-los a superar o momento tortuoso em que todos nós nos encontramos.

— Eles não estão aqui na colônia?

Com o olhar perdido no horizonte, Regina respondeu-lhe:

— Não, minha filha. Infelizmente, os espíritos que iriam animar os corpos dos seus filhos estão presos à crosta terrestre neste momento. E, por favor, não me pergunte mais nada por ora. Concentre-se na sua recuperação.

# CAPÍTULO 5

Após o terrível evento em que se dera a morte de Luana, Amparo estava visivelmente abatida. Ainda persistiam na pele da mulher os diversos hematomas provocados pelos golpes desferidos por Orestes. Algo, no entanto, afetava-lhe ainda mais o organismo.

A mulher de aparência dura e personalidade impenetrável, na plenitude dos seus 47 anos — boa parte dos quais dedicara-se ao ofício de praticar abortos — cedera lugar à clara debilidade dos enfermos.

A pele, antes viçosa, embora marcada pelas rugas, repentinamente passou a apresentar a textura macilenta e opaca dos corpos enfermiços. Os longos cabelos negros, antes presos sempre em um coque armado e rijo, agora permaneciam soltos e amarfanhados, e os lábios, antes rubros, perderam a tonalidade. Amparo adoecera.

Três semanas se passaram nesse toar de acontecimentos, e Consuelo, filha extremosa, dedicava-lhe atenção e cuidado, mas debalde. Dia após dia, a moça via a mãe definhar sem que nada que lhe fosse feito surtisse resultado.

Desesperada e lutando contra a teimosia da genitora, que detestava médicos, Consuelo requisitou em sua residência a visita do doutor Constantino Badaró, um renomado profissional da saúde.

Enquanto Consuelo aplicava compressas na testa de Amparo em virtude de uma febre persistente que acometera a enferma, o médico foi anunciado pelo empedernido serviçal:

— Madame, o doutor Badaró acabou de chegar.

— Peça-o para subir aqui imediatamente.

— Pois não, madame.

Alguns instantes após o aviso, precedido pelo serviçal, o solicitado doutor Constantino Badaró adentrou silenciosamente o quarto.

— Atendi prontamente ao seu chamado. Do que se trata? — perguntou o médico para Consuelo.

— Doutor, há alguns dias minha mãe não está nada bem. Ela tem apresentado dor no abdômen, que se encontra bastante inchado, febre intermitente e diversos outros sintomas estranhos. Minha mãe nunca esteve doente. Não sei mais o que fazer — disse Consuelo, sem conseguir ocultar a preocupação.

— Permita-me examinar a paciente, senhorita. Poderia deixar-nos a sós?

— Fique à vontade. — Consuelo, então, retirou-se do recinto.

Amparo mal conseguia falar, tamanha sua debilidade orgânica. Doutor Constantino aproximou-se da paciente e, delicadamente, procedeu a uma criteriosa avaliação. Ele pressionou diversas partes do corpo da enferma e fez-lhe algumas perguntas, que foram respondidas com débeis sussurros.

Preocupado com o estado geral de Amparo, o médico demorou-se além do tempo normal na avaliação. Quase uma hora depois, o doutor Constantino chamou novamente Consuelo ao quarto e, em um tom de voz quase inaudível, disse com o fito de não ser ouvido pela enferma:

— Senhora, sua mãe está gravemente doente. Creio que uma terrível doença uterina esteja acometendo sua mãe.

Após analisar exames anteriores que a senhorita me apresentou e fazer uma criteriosa análise do abdômen e da cavidade uterina da senhora Amparo, pude constatar a presença de um grave tumor, provavelmente maligno e em estágio avançado. Infelizmente, pouco posso fazer por sua mãe, além de prescrever cuidados paliativos.

— O senhor está me dizendo que minha mãe vai morrer? — balbuciou Consuelo, quedando-se, consternada, numa poltrona próxima ao leito.

— Lamentavelmente sim. O tumor já ocupou quase toda a cavidade uterina dessa pobre mulher. Espanta-me que ela não tenha caído enferma antes.

— Doutor, minha mãe costumava queixar-se periodicamente de fortes dores no ventre e sofria com suas regras mensais, sempre abundantes e prolongadas. Isso acontece há vários anos, mas ela se recusa ao tratamento médico! Oh, Deus, o que farei sem minha mãe?!

— Aviarei uma receita, e os remédios deverão ser tomados imediatamente. Administrarei uma medicação diretamente na veia de sua mãe para que ela possa ter algum alívio das dores que a consomem duramente neste momento. É a única coisa a ser feita agora para tentar aliviar-lhe o sofrimento. Infelizmente, é tarde demais para a cura. E, se souber, ore.

O médico aplicou algumas soluções medicamentosas em Amparo, redigiu a receita e nem sequer cobrou a consulta a Consuelo, pois não pudera fazer muito pela paciente e, principalmente, por sentir-se penalizado pela calamitosa situação da moribunda, apesar da péssima reputação de Amparo.

Após doutor Constantino se retirar do quarto, Consuelo desesperou-se. A moça desabou discretamente na poltrona, escondendo o rosto entre as mãos molhadas por lágrimas dolorosas e silenciosas. Enquanto isso, Amparo, a seu turno, dormia profundamente no leito.

\*\*\*

Para desespero dos familiares de Virgílio, o rapaz passara toda a noite no mausoléu da família Monferrato, lamentando a morte prematura de Luana. Tomado pelo desalento, lá restou, desorientado.

Dado o suposto desaparecimento do filho, os pais de Virgílio, angustiados, procuraram a direção do Colégio São Bento na manhã seguinte a fim de obterem notícias do jovem.

Surpreendidos, os pais de Virgílio foram informados pela própria dona Carmélia de todo o triste drama do rapaz em virtude da morte de Luana. Laura e Antônio Carlos nada sabiam a respeito do envolvimento do filho com a jovem Luana e, após ouvirem todo o relato da velha professora, dirigiram-se, intuitivamente, ao Cemitério da Consolação. Chegando lá, encontraram o filho deitado ao lado do túmulo da amada, estirado no chão empoeirado da tumba suntuoaa dos Monferrato e tiritando de frio.

Profundamente tocados pela imagem do filho deitado em posição fetal no chão esmaltado do mausoléu, Laura e Antônio Carlos apressaram-se, prestimosos em socorrê-lo.

Com esforço, Antônio Carlos ergueu o rapaz do chão e, com o auxílio da esposa e de um coveiro que passava em frente ao mausoléu, conseguiu retirar o jovem parcialmente desperto do cemitério e levá-lo para casa num ônibus Amarelinho[8].

Chegando em casa, Laura trocou rapidamente as roupas frias do filho por outras mais quentes e deitou-o em um leito confortável.

A trágica aparência de Virgílio impressionou vivamente os pais: o rosto desfeito, as pálpebras inchadas, a face pálida. Embora adormecido, o desafortunado rapaz balbuciava repetidamente o nome Luana.

---

8  Populares transportes coletivos da década de 1930, conhecidos por "amarelinhos".

Quando distinguiu o que o filho murmurava enquanto dormia, Laura espantou-se e chamou o marido que estava na sala:

— Corra, Antônio! Venha escutar o Virgílio! Pobrezinho!

Penalizado, Antônio Carlos aproximou os ouvidos dos lábios do filho, que balbuciava:

— Luana, meu amor, por que você foi embora? Perdi você, perdi nosso filho... Eu a amo tanto... Luana... Luana...

Arrasado, Antônio Carlos reproduziu à esposa as palavras do filho, que eram entrecortadas por dolorosos soluços. Lágrimas rolavam dos olhos do jovem, mesmo adormecido. Uma febre alta começara a manifestar-se no rapaz, que passou a alternar momentos de lucidez e outros de delírios pungentes.

A noite fora longa para o casal. Laura esmerou-se à cabeceira do filho enfermo, e Antônio Carlos passou a noite em claro, revezando-se com a esposa e alternando os momentos de assistência com fervorosas preces em favor do jovem padecente do terrível golpe que fora a perda precoce e inexplicável da mulher amada.

***

Após arrastar Leônidas da igreja, Antero, que relutara em retirar-se da presença do frei Serafim, multiplicava em seu íntimo a raiva por Orestes.

Tendo fixado fortemente o pensamento no homem que era o objeto do seu ódio, Antero transportou-se de imediato para a luxuosa residência da família Monferrato, posicionando-se exatamente ao lado do seu desafeto, que, naquele exato instante, se embriagava trancafiado em seu escritório.

Arrastado mais uma vez, Leônidas, assim que se viu diante do seu algoz, retrocedeu temeroso até o outro lado do recinto. Antero, por sua vez, aproximou-se do magnata e sussurrou-lhe sarcástico ao ouvido:

— Pensa que se livrou de mim? Agora, nós dois vamos brincar um pouquinho, vovô.

Rapidamente, o desencarnado, movido por um ardente desejo de vingança, jungiu-se ao perispírito de Orestes e, passando a controlar os centros nervosos do avô, incutiu-lhe toda a sorte de ideias destrutivas. Absolutamente dominado pelas emanações vibratórias deletérias provocadas por Antero, que lhe estimulava as reminiscências mais dolorosas, Orestes principiou a rememorar continuamente todos os fatos que culminaram na morte criminosa de Luana.

O obsessor direcionava todo seu ódio à psique do homem, que outrora lhe fora algoz e que, daquele instante em diante, se tornaria inconscientemente vítima e carrasco de si mesmo.

\*\*\*

"Mamãe morrerá... o que será feito de mim?", Consuelo pensava angustiada, ciente de que a vida de dissipações e gozos imoderados acabaria em breve.

A verdade é que Consuelo tinha plena consciência de que, com a morte iminente de sua genitora, que era quem de fato mantinha o alto padrão de vida das duas mulheres, dificilmente conseguiria tocar adiante e sozinha o escuso negócio. A jovem sempre fora uma mera auxiliar da mãe e nunca se interessara verdadeiramente em aprender a fundo o controverso ofício que sustentava as duas mulheres.

Enquanto o cansaço dominava Consuelo, que dormia pesadamente sentada na poltrona posicionada à cabeceira do leito, Amparo, a despeito da aparente inconsciência, percebia tudo à sua volta e estava absolutamente lúcida naquele momento, apesar da profunda fraqueza física.

À sua volta — fosse ou não produto de sua imaginação —, Amparo percebia pequenos seres disformes como vultos em torno do leito, rindo e maldizendo-a repetidamente.

As vozes tenebrosas que ecoavam, insólitas, na alcova — e que somente a enferma percebia — lhe provocavam calafrios terríveis de pavor, ao passo que, para sua máxima angústia, a morte, a cada dia, se mostrava mais próxima e inevitável.

Embora faltasse a voz para exprimir o pavor que sentia, Amparo esbugalhava assustadoramente os olhos todas as vezes em que ouvia frases ameaçadoras. As vozes diziam, sarcásticas:

— Falta pouco para fazermos de você o que bem entendermos!

Prestimosa, Consuelo procurava amenizar o sofrimento da mãe enferma e, nos últimos dias de vida de Amparo, fazia-lhe agradáveis leituras, contava-lhe as fofocas da cidade e ria — ainda que forçosamente —, recordando-se de acontecimentos felizes do passado. A moça falava, saudosa:

— Lembra-se, mamãe, da época em que éramos pobres? Quando a senhora lavava roupa para nos sustentar, e eu a acompanhava até o riacho, antes de virmos morar aqui na capital? Como a vida era feliz naquela época tranquila em que vivíamos.

No momento em que a jovem resgatou do passado tais recordações há muito esquecidas, duas grossas lágrimas rolaram imperceptíveis pela face de Amparo, que parecia já intuir o que a aguardava quando, enfim, ultrapassasse o limiar da morte.

# CAPÍTULO 6

Entidades trevosas, reunidas em um grande salão oval imerso em uma penumbra viscosa e escura, debatiam acaloradamente. Era de se notar que, entre os presentes no salão, os desencarnados em grave colóquio apresentavam, em sua maioria, uma estatura diminuta — ostentavam a aparência de tamanho reduzido, pequenos corpos, uns horrivelmente mutilados, outros não —, gesticulavam, discutiam e esbravejavam. Todos estavam em estado de grande alarde.

A cena dantesca, pavorosa, em nada deixava a desejar aos piores cenários de terror. Não bastassem os tenebrosos seres diminutos, massas disformes com a aparência de corpos absolutamente mutilados também compareceram à reunião, uma vez que, apesar do feitio horrendo — que nada mais era do que a alteração do perispírito que assumira características assemelhadas ao trauma físico vivido durante o desencarne —, tais espíritos se faziam presentes, sem compartilhar, todavia, do alarde geral, uma vez que se encontravam em estado de grande perturbação mental. Na verdade, esses irmãos foram atraídos para o local por meio de vibrações nefastas, intencionais, emanadas por membros da Irmãos de Caim.

Não bastasse tudo isso, também estavam reunidos no recinto diversos encarnados desdobrados e inconscientemente jungidos aos espíritos, que lhes serviriam de filhos se não tivessem sido brutalmente assassinados.

Uma grande notícia espalhara-se rapidamente no umbral, e esses espíritos — desencarnados em função da prática abortiva — foram convocados para comparecer à sede da nefasta entidade, organização criminosa situada no campo vibracional do umbral com ramificações por diversas regiões do globo terrestre, que, à semelhança de muitas outras entidades umbralinas, se dedica à prática ostensiva e metódica da vingança e das obsessões espirituais.

A balbúrdia no ambiente era geral, contudo, um grande silêncio acometeu repentinamente o salão oval. Azaziel, entidade da mais alta hierarquia da Irmãos de Caim, adentrara o ambiente.

De porte descomunal, que, em termos terrestres, equivaleria a mais de dois metros de altura, Azaziel trajava uma longa túnica negra através da qual se destacavam enormes chifres pontudos e uma longa barba escura.

A princípio, não se via a face da criatura trevosa; apenas e tão somente dois grandes olhos verdes, redondos, brilhantes e enigmáticos destacavam-se sob o capuz, ao passo que, ao redor da entidade — que se movimentava lentamente —, uma pesada névoa rodeava a estranha e assustadora figura.

Tendo pausado os passos no centro do salão oval, que lembrava, ao longe, os colossais teatros romanos, Azaziel, sem proferir palavra ou fazer qualquer gesto, deixou o capuz deslizar para trás, revelando inteiramente a horrenda face, que ostentava a clara aparência de um ovino demoníaco. Com a carantonha descoberta, iniciou uma grave palestra:

— Saudações, caros companheiros. Chamo-me Azaziel, como bem sabem muitos de vocês, tendo determinado essa convocação por um motivo imperioso. A maior parte dos confrades aqui presentes foram vítimas de assassinato provocado ainda dentro do ventre materno, tendo-lhes sido ceifada a preciosa oportunidade de reingressar na senda terrestre. Muitos ainda apresentam estampadas no perispírito as graves sequelas do crime cometido contra si. Aqui, na Irmãos de Caim, somos todos irmãos, solidários, diante da dor. E o sentimento que é capaz de nos unir em prol de um objetivo comum é sempre a justa e ansiada vingança.

E, após uma pequena pausa, prosseguiu:

— Irmãos, exultem! Aqui estou para lhes dar a grata oportunidade de lavarem com sangue, sofrimento atroz e lágrimas amargas a dor que lhes foi provocada! As mãos odiosas, que ceifaram a existência nascente da maioria de vocês, está em franco processo de desencarne! Amparo, finalmente, perecerá!

Dito isso, a plateia entrou em delírio.

Os espíritos trevosos riam e regozijavam o vindouro desenlace corpóreo de Amparo. Uma parcela considerável dos presentes morrera pelas mãos criminosas daquela que tinha por ganha-pão eliminar vidas ainda no nascedouro. Devido à ansiada notícia, a reunião macabra ainda estava longe de encerrar-se.

***

Frei Serafim, tarefeiro vinculado à Colônia Raio de Luz retornava, de tempos em tempos, à belíssima cidade espiritual a fim de informar aos seus superiores todos os acontecimentos relevantes pertinentes à base socorrista, que estava situada, no plano terrestre, no local equivalente à Paróquia de Santa Terezinha do Menino Jesus, inteiramente sob seus cuidados.

Uma grande equipe de servidores da Espiritualidade Maior, liderada pelo prestimoso frei Serafim — como era chamado, mesmo após seu desencarne —, revezava-se a fim de prestar serviços de auxílio e orientação a recém-desencarnados que se dirigiam para aquela localidade.

Muito embora professasse a fé católica em sua última e recuadíssima existência terrena, tendo, inclusive, mantido na espiritualidade a aparência de frei que ostentara naquela vivência terrena, frei Serafim era muito conhecedor dos princípios que regem a realidade da multiplicidade de existências. Mesmo sendo detentor desse conhecimento, ele optara por manter as feições de outrora, uma vez que, assim, melhor atenderia aos irmãos desencarnados, que, muitas vezes, em desequilíbrio, procuravam o recinto da dita igreja a fim de buscar socorro e ainda reconheciam no catolicismo sua identidade religiosa.

A dita estratégia tratava-se de um grande gesto de caridade por parte de frei Serafim aos irmãos desencarnados, que professavam a fé católica, a mantinham mesmo na erraticidade e que, por diversas razões, ainda se encontravam vinculados à gleba terrestre.

O corpo ligeiramente encurvado contrastava com a pequena barba grisalha e rala, que lhe circundava o entorno do rosto pálido. A cabeça calva e a face serena marcada por profundos olhos verdes destoavam do grosseiro hábito marrom, amarrado por um cordão que, à guisa de cinto, lembrava feltro. Essa era a aparência do amável Irmão Serafim, cujo maior desejo era auxiliar aqueles que, como ele, também desencarnaram desconhecendo o que os esperava na realidade espiritual.

Permanecera no umbral por um alargado período, procurando o paraíso ilusório que lhe fora prometido e pelo qual dedicara a maior parte da vida, crendo-se grande merecedor das benesses divinas.

No entanto, tamanha fora a surpresa de frei Serafim quando se deparou com a mais profunda frustração ao notar que a morte não lhe reservara nada do que se julgava merecedor. Muito embora tenha se dedicado com fervor a professar a fé católica, a clausura em que vivera, permeada de graves desvios de conduta, não lhe trouxera em méritos o suficiente para desfrutar do suposto Éden que perseguira, equivocadamente, a vida inteira.

Após vagar por incontáveis anos, inclusive no mosteiro onde vivera enclausurado a maior parte de sua existência — falando-se em termos terrestres —, frei Serafim foi socorrido por prestimosos servidores da Raio de Luz, local no qual — depois de um longo período de estudos e de refazimento moral — passou a servir, tendo sido designado para liderar a base socorrista situada na Paróquia de Santa Teresinha.

Se fossem capazes de perceber a estrutura espiritual que funcionava ali para socorrer irmãos desencarnados, isso causaria uma grande surpresa ao significativo número de encarnados frequentadores daquela igreja. Duas espaçosas enfermarias, um auditório amplo, uma sala de estudos, além de outros recintos destinados ao auxílio de desencarnados situavam-se paralelamente à estrutura física da igreja.

Após ser transportado aos átrios da Raio de Luz por meio de um veículo ainda sem precedentes terrestres, que se locomovia deslizando rapidamente na densa atmosfera que circundava a gleba terrestre, frei Serafim desembarcou e foi recebido por Regina, mãe de Luana, no complexo de estudos "Evangelho de Paz", no qual a serena mulher desempenhava o papel de instrutora dos recém-chegados à majestosa colônia.

— Grata surpresa, irmão Serafim! A que devo visita tão feliz? Sente-se, por favor. Quais são as boas notícias que me traz da crosta terrestre?

Regina recebeu o frei em sua sala, ostentando um grande sorriso de contentamento e convidando o nobre tarefeiro a acomodar-se em uma poltrona confortável.

— Creio que não são as melhores, minha irmã. Lembra-se de que me havia me confidenciado os graves acontecimentos que deflagraram o desencarne de sua desafortunada filha?

— Sim, meu caro amigo. Graças ao bom Deus, tenho em você — não de agora — um companheiro dileto de confidências e uma salutar orientação fraternal que, sempre amoroso, me concede.

— Pois bem. Há pouco tempo, encontrei nos átrios do posto de socorro sob meus cuidados dois irmãos recém-desencarnados em função de um doloroso procedimento abortivo, que se apresentaram como Leônidas e Antero, tal qual como me relatou. E me afiguraram precisamente como os espíritos que, não fosse o triste acontecimento, teriam reencarnado como filhos de Luana.

— Lamentavelmente, sim. São os irmãos assassinados.

Com lágrimas nos olhos, Regina confirmou a informação.

— Minha grata irmã, muito embora eu os tenha convidado a vir para a colônia, um deles, de nome Antero, se mostrou bastante exaltado e recusou-se a me acompanhar. Ele falava em vingar-se. O irmão dele, chamado Leônidas, mostrou-se, todavia, mais receptivo ao auxílio, mas foi obstado pelo irmão. Não pude fazer nada por eles naquele momento. Lamento muito.

Enquanto falava, o frei segurava as mãos de Regina, que não disfarçava as grossas lágrimas que escorriam abundantes pela face.

— Meu caro frei, sei que você sempre fará tudo o que estiver ao seu alcance por mim ou por qualquer outro espírito que precise do seu auxílio, entretanto, creio que, neste momento, não podemos fazer nada por eles. Temo pelo meu pobre Orestes, que, sem dúvidas, sofrerá com o ódio que a conduta dele despertou nos dois irmãos. É chegado o tempo de Orestes colher a semeadura amarga pelos graves crimes cometidos na seara terrestre.

— Regina, seja forte! Sei que seu amor fraternal atravessou o limiar da morte corpórea e permanece intacto por aquele que foi seu marido em sua última existência terrestre, todavia, nos resta apenas nos mantermos em prece, pedindo o concurso da Espiritualidade Maior para que o tempo de agonia que se avizinha seja suportado da melhor maneira possível pelo irmão faltoso.

— Frei, graças ao bom Deus, apesar das terríveis circunstâncias que remontam o desencarne de minha filha, agora tenho Luana ao meu lado. A tristeza de minha filha é profunda, visível, mas, aos poucos, creio que ela conseguirá refazer-se do golpe e retomar o caminho do equilíbrio. Estou procurando dar a ela todo o apoio de que necessita nesse recomeço. Aguardemos, confiantes na Providência! — disse Regina, contrita, enquanto recostava ternamente a face no ombro do dileto amigo.

***

Após um longo período de prostração, Virgílio retornou ao colégio em uma tentativa de retomar a rotina e superar a tristeza que se abatera fortemente sobre seu espírito.

O rapaz emagrecera, fundas olheiras circundavam-lhe os olhos, e não se viam mais no rosto de Virgílio o viço e a jovialidade de outrora. A morte de Luana arrancara do jovem toda a alegria de um futuro que planejara para si e a família que sonhara em construir com a mulher amada.

Dia após dia, com grande esforço, Virgílio deu continuidade à rotina de estudos, a fim de realizar o sonho que lhe restara: ingressar na faculdade de Medicina. Já estava às vésperas do vestibular — que prestaria em breve no Rio de Janeiro — para a concorrida Escola de Anatomia, Medicina e Cirurgia, instalada no Hospital Militar do Morro do Castelo. Ele agarrou com unhas e dentes o anseio de servir à Medicina brasileira como instrumento de auxílio ao próximo, vendo na perspectiva de tornar-se médico o único caminho de lhe trazer uma relativa satisfação na vida.

Com o apoio da direção do Colégio São Bento, instituição na qual granjeara grande afeição por parte do corpo docente, notadamente em decorrência da influência generosa de dona Carmélia, foram doadas a Virgílio as passagens e a hospedagem para que ele pudesse prestar o exame do vestibular, que ocorreria em duas semanas. Virgílio contava com a promessa de que, se fosse aprovado, obteria, por parte do Colégio São Bento, uma bolsa de estudos para custear suas despesas na capital carioca e para que pudesse concluir o curso com êxito.

As expectativas pesavam sobre o rapaz, mas ele via nessa oportunidade o caminho para encontrar novos horizontes e, talvez, a cura para sua profunda amargura.

Não havia uma noite sequer em que não pensasse em Luana e no filho — que ele julgava ter sido apenas um — e no fato de que teria sido um pai amoroso. Todos os dias, o olhar matreiro da mulher amada povoa-lhe os pensamentos. A pele sedosa, a voz provocante, o sorriso escancarado, tudo lhe vinha à mente, tocando mais fundo na tristeza que ele guardava dentro de si.

Os pais de Virgílio faziam tudo para ele, devotados e esperançosos de que a amargura evidente do filho cedesse em algum momento. Todavia, certas feridas, nem o tempo, nem a vida, são capazes de curar — e essa certeza dolorosa feria ainda mais o coração do rapaz.

Debruçado sobre os livros, Virgílio alimentava a esperança de que, mais do que nunca, poderia encontrar no serviço médico o remédio para sua alma.

Luana, por sua vez, integrara-se, com o passar do tempo, às atividades da Colônia Raio de Luz. Ela frequentava um grupo de estudos educativo para a realidade espiritual, bem como se dedicava às tarefas de auxílio aos recém-desencarnados que aportavam na colônia.

Extremosa, Regina procurava todos os meios possíveis para integrar a filha à sua nova condição e amenizar o drama sofrido por ocasião do crime abjeto da qual fora vítima.

A saudade, todavia, era uma constante no íntimo da jovem, cuja conduta se modificara radicalmente por ocasião do desencarne trágico. Notava-se que o temperamento petulante e desafiador de Luana desaparecera, dando lugar a um semblante de evidente resignação à sua nova condição.

Volta e meia, Luana sentia uma saudade profunda do jovem Virgílio. Muitas vezes, tinha a nítida sensação de ouvir o rapaz falar com ela. Em certa ocasião, tendo comentado tal fato com Regina, a mulher esclareceu-lhe de que se tratava de uma impressão real, das vibrações emanadas pelo jovem, que pensava constantemente em Luana e sentia a falta da moça, e que tais fatos deveriam ser encarados com serenidade.

Devido à sua dedicação e ao esforço nas atividades que lhe foram encaminhadas na colônia, Luana recebeu o convite da Direção Espiritual da Raio de Luz para servir no Educandário Filhos do Pai Celeste, setor dedicado à recepção de espíritos que desencarnavam na mais tenra idade. A partir de então, a jovem passaria a cuidar, junto com outras tarefeiras que lá estavam, das crianças pequeninas que regressavam à espiritualidade.

Os dias de Luana passaram a ser preenchidos pelas atividades lúdicas e de ensino aos irmãos desencarnados durante a infância terrena, e tal estado de coisas deu sentido e ânimo para a jovem enfrentar a saudade e a dor da separação, que, apesar de temporária, não deixava de entristecê-la.

Certa vez, Luana foi incumbida de recepcionar o pequeno Marco — criança que desencarnara aos sete anos em decorrência de uma leucemia — e da responsabilidade de cuidar dele nas dependências do educandário. Ela deveria confortar a pequena criança, que sentia uma enorme saudade dos pais.

Após ser concedida a Marcos a alta do hospital onde ele ficara internado por um alargado período após o desencarne, o menino foi encaminhado ao Educandário Filhos do Pai Celeste e, sob os cuidados de Luana, que era supervisionada pelos dirigentes do setor, permaneceria lá o tempo que fosse necessário.

Celso, o supervisor direto de Luana, chamou-a em seu gabinete para comunicar-lhe a nova empreitada e, abrindo a porta do pequeno recinto, convidou:

— Luana, sente-se. Tenho uma missão especial para você.

— Pois não, senhor Celso. Em que posso ser útil?

— Tenho observado seu carinho e sua dedicação para com as crianças do educandário. Acho que nem você mesma sabia do seu enorme talento para cuidar de crianças.

— Obrigada. A vida me ensinou a amar a atividade que estou desenvolvendo aqui.

— Em poucos instantes, receberemos em nossa casa um irmão desencarnado aos sete anos em decorrência de um grave e doloroso processo de resgate de dívidas pretéritas, que se deu por meio de uma pungente enfermidade. Ele ingressará neste educandário a fim de esclarecer-se sobre a realidade do pós-desencarne. O nome do irmão é Marcos. Ele sente uma enorme saudade dos pais e é um espírito muito sensível e amoroso. Creio que você seja a pessoa certa para ser a tutora desse menino, enquanto ele estiver no educandário. A estadia do pequeno será transitória, uma vez que já há um planejamento em curso aqui na colônia para seu breve reencarne. Creio que será uma experiência promissora para ambos. O que acha? Aceita a missão?

— Caro Celso, vejo que a Espiritualidade Maior, apesar do meu merecimento escasso, tem me propiciado oportunidades abençoadas nesta instância de aprendizado. Meu coração agradece a missão e aceita a tarefa, rogando a Deus que me dê o discernimento e a dedicação que a atividade exige. Será um grande prazer.

— Siga-me. Vou lhe apresentar seu tutelado, que acabou de ingressar nos átrios desta escola.

Os dois se retiraram do pequeno escritório que servia de gabinete para Celso e se dirigiram ao *hall* de entrada do educandário. No caminho, o supervisor passou a Luana, por meio de uma planilha detalhada, um pequeno resumo das atividades que a moça teria de desenvolver dia a dia junto ao infante desencarnado.

Sentado numa poltrona azul confortável e ladeado por uma enfermeira do Hospital Redenção, onde estivera internado, Marquinhos, como era chamado, entretinha-se brincando com as mãos no espaldar da poltrona.

Celso aproximou-se da enfermeira, que se mantinha em pé ao lado da poltrona, e cumprimentou-a.

— Saudações, minha cara Marta. Como vai? Vejo que me trouxe mais um pequeno aluno para nossa escola. Como tem passado o menino Marquinhos?

— Marquinhos é um amor de menino! Não me dá trabalho algum — respondeu a enfermeira, que, baixando o tom de voz, disse ainda: — Todavia, a pequena criança sofre com a ausência dos pais. É de cortar o coração.

Voltando-se para Luana, Celso disse:

— Marta, esta é Luana, a tutora de Marquinhos. Ela ficará responsável pelo pequeno enquanto ele estiver sob os cuidados do nosso educandário.

As duas moças se cumprimentaram, e, após Marta despedir-se do menino, retirando-se do recinto, Celso abaixou-se e travou um divertido colóquio com a criança.

— Tudo bem, meu rapaz! Lembra-se de mim?

— Sim, eu me lembro... Você me levou doces no hospital, não foi?

— Foi sim, rapazinho esperto! Está vendo essa bela moça aqui ao meu lado? O nome é Luana. Ela será sua professora aqui, no educandário, e cuidará muito bem de você.

— Tia Luana, você sabe fazer bolo de cenoura? Minha mamãe sempre fazia bolo de cenoura para mim.

A jovem, desconcertada com a pergunta ingênua do menino, respondeu, abaixando-se:

— Meu rapazinho, não sei fazer bolo de cenoura, mas vou aprender só para você ficar feliz!

Luana deu um abraço apertado no menino, que foi correspondido pelo garoto, que se agarrou ao corpo da moça, pedindo silenciosamente o colo e o aconchego da jovem emocionada.

Naquele momento, nascia uma grande amizade entre os dois decorrente do sofrimento mútuo.

# CAPÍTULO 7

Após alguns dias de completo isolamento por ocasião da morte criminosa da própria filha, a que dera causa, Orestes procurou retomar suas numerosas atividades empresariais. O grande império da família Monferrato alcançava diversos setores produtivos, tais como a cafeicultura, a nascente indústria automotiva, portos, ferrovias e material bélico. Contudo, as reuniões, a rotina agitada e as diversas inspeções em suas numerosas indústrias, nada disso era capaz de amenizar o profundo arrependimento que tomara conta de si.

Todos os dias, após extensas jornadas de trabalho, Orestes fazia da bebida e da embriaguez instrumentos para fugir dos pensamentos atormentadores que lhe permeavam o íntimo. Imerso em seu arrependimento, ligava o gramofone que ornava sua sala e tocava, repetidamente, canções que atingiam profundamente seu íntimo, ocasião em que se entregava às ilusões do álcool, tentando encontrar na bebida o conforto emocional que lhe era inacessível.

Noite após noite, sem cessar, os pensamentos de Orestes levavam-no a Luana, bem como às duas crianças, em desfavor das quais encomendara o assassinato, que resultara também na imprevista morte de sua própria filha.

Em ocasiões cada vez mais esporádicas, Consuelo visitava Orestes em tais momentos noturnos, sem, contudo, encontrar a disposição e o vigor do antigo amante. Apesar da tragédia ocorrida, nada mudara na relação perniciosa mantida entre os dois, entretanto, a moça notara que Orestes Monferrato deixara de ser o homem galante de outrora e passara a assumir o repulsivo papel de um ébrio violento e vulgar.

Em razão de tal estado das coisas, também cessaram as visitas de Consuelo, que tomara verdadeira repulsa pelo magnata — fato esse que fora objeto de absoluta indiferença para Orestes.

De outro turno, Leônidas e Antero exerciam, insidiosamente, uma influência nefasta sobre a psique já atormentada do homem que dera causa à morte violenta de ambos.

Enquanto insuflavam em Orestes os piores pensamentos, a dupla de espíritos obsessores, reiteradamente jungidos ao perispírito do algoz/vítima, enfraquecia as defesas orgânicas do magnata a fim de que ele padecesse das piores enfermidades. O objetivo sinistro dos dois espíritos — que afinaram entre si as intenções funestas — era um só: matar, aos poucos e dolorosamente, Orestes Monferrato, precipitando-lhe o desencarne, com o intuito de, livrando-lhe do aparelho físico, praticarem melhor a vingança tencionada — e tudo indicava que os acontecimentos se encaminhavam vertiginosamente para o fim pretendido pelos dois ferrenhos obsessores.

***

Amparo, cuja cabeça repousava recostada em um sedoso travesseiro de cetim branco, sentia-se incapaz de adormecer. De tempos em tempos, pensamentos desconexos invadiam a mente da mulher, que se sentia observada por seres invisíveis no interior da alcova onde repousava. Muito embora estivesse permanentemente acompanhada por uma enfermeira atenta, que fora contratada pela filha, Amparo nutria em seu íntimo uma crescente sensação de estar sendo vigiada por estranhas presenças no ambiente.

Nas raras vezes em que intercalava instantes de sono fugidio, Amparo acordava sobressaltada em razão de assombrosos pesadelos que permeavam esses escassos momentos de repouso do corpo físico. Durante o sono, reiteradamente, ela via-se transportada em estado de desdobramento para um ambiente tenebroso, algemada, e sentia-se em uma câmara de julgamento para responder por diversos crimes. Acusavam-na, atiravam-lhe impropérios, torturavam-na profundamente. E, quando era assaltada por tais sonhos, Amparo acordava profundamente atordoada, com o corpo banhado em suor e, de sua região genital, como em um processo de acelerada piora, expelia uma grande quantidade de substância sanguinolenta. O sangramento, por sua vez, era apenas amenizado com a ingestão de medicação apropriada.

Ao redor de si, no leito, Amparo via-se rodeada de presenças malignas, que repetiam continuamente o horror dos inúmeros crimes contra a vida que ela cometera ao longo de sua existência. Uma existência dedicada a exterminar nascituros ainda dentro do útero materno.

Constantemente, Amparo ouvia gemidos, soluços e vozes, que gritavam como se ecoassem dentro de sua cabeça: "Por favor, não me mate!"; "Eu não quero morrer! Tenha piedade!"; "Não ajude minha mãezinha a me matar! Eu preciso viver!".

Em outra ocasião, julgando-se em estado de delírio, Amparo ergueu com dificuldade a cabeça do travesseiro e, com assombro, observou que o chão do quarto estava tomado por corpos de fetos abortados. Bracinhos e perninhas estraçalhados restavam por todos os lados. Bebês esquartejados cobriam o chão, do qual emanava um odor pútrido de sangue em decomposição. Ela olhou para as mãos e viu-as cobertas daquele mesmo sangue, que escorria por seu corpo e por entre suas pernas. Sentindo-se completamente banhada naquele sangue imundo, Amparo soltou um grito pavoroso, como se estivesse despertando da aparente alucinação que tivera.

Posicionada ao lado do leito, a enfermeira acordou bruscamente e, percebendo o estado de desatino da doente, que estava aos gritos, ministrou-lhe um poderoso sedativo, conduzindo novamente Amparo à dolorosa rotina de pesadelos medonhos.

O ciclo de vingança fomentado pela Irmãos de Caim já estava surtindo um poderoso efeito sobre a psique desequilibrada de Amparo e nada poderia detê-los naquele momento.

Enquanto isso, a rotina de verdadeiros espetáculos bizarros orquestrada pelo temido líder trevoso Azaziel deslumbrava a todos os presentes, ao tempo que inspirava profundo terror aos seus condiscípulos e aos demais habitantes das paragens terríveis da zona umbralina conhecida por Soledade.

O objetivo de Azaziel com tais espetáculos de julgamentos "circenses" vinha sendo continuamente alcançado ao longo de incontáveis anos terrestres. Ele desejava promover o terror e angariar o respeito dos espíritos que buscavam a Irmãos de Caim com a finalidade de obter a tão ansiada "justiça" dos quais se julgavam merecedores. A dita organização usava os referidos espetáculos com o mero objetivo de angariar mais seguidores brutais e sequiosos de vingança.

Não raro, em estado de desprendimento — ou seja, durante o sono corpóreo —, os alvos dos mais complexos processos obsessivos conduzidos por membros filiados à Irmãos de Caim eram levados à sede da entidade a fim de sofrerem essa modalidade de tortura espiritual. Na imensa maioria das vezes, o espírito desperto do sono físico não se recordava dos eventos ocorridos durante o desprendimento. Por vezes, guardavam apenas impressões sutis, trechos dos eventos vividos, como se fossem pesadelos desconexos, contudo, o perispírito subjugado ressentia-se em virtude dos fatos ocorridos durante o desprendimento.

Durante essas sessões odiosas, os fluidos absorvidos pelos obsidiados encarnados e mesmo os desencarnados agravavam ainda mais as enfermidades sofridas pelos encarnados, enfraquecendo-os do ponto de vista mental, físico e espiritual. Era a preparação da derrocada final em desfavor daqueles que tais organizações tencionavam apressar o desencarne físico e fragilizar espiritualmente.

Logo após o anúncio da proximidade do desencarne de Amparo — conhecida aborteira no meio umbralino e odiada por inúmeras vítimas às quais ela causara o desencarne violento —, foi informado aos presentes que a Irmãos de Caim estava especialmente empenhada em atormentá-la até que a mulher desse seu último suspiro. Azaziel revelara aos presentes que havia destacado um seleto grupo de obsessores para permanecerem junto a Amparo, dia e noite, a fim de maximizar os sofrimentos que estavam lhe sendo impostos.

O líder das trevas bradou aos presentes:

— Irmãos, regozijem-se! A vitória final está em nossas mãos e, em breve, muito breve, Amparo estará entre nós, desfrutando da maravilhosa acolhida da Irmãos de Caim! Diletos confrades encontram-se ininterruptamente ao lado da criminosa, majorando os sofrimentos morais e físicos de Amparo. Enquanto o câncer que nós ajudamos a desencadear em no aparelho físico dela lhe destrói as entranhas de forma avassaladora e implacável, um numeroso grupo de irmãos na vingança permanece desequilibrando a psique da assassina para que, assim, possamos melhor engendrar a nossa revanche! Não basta precipitar o desencarne de Amparo! É preciso subjugá-la por completo! Essa criminosa ainda tem muito para nos pagar!

Gritos e aplausos efusivos eclodiram do enorme salão. Todos os presentes que se encontravam em condições de se expressar comemoraram o sucesso da empreitada em andamento.

Após longos instantes de exultação, Azaziel anunciou:

— Irmãos, após os informes do dia, tenho para vocês uma visita nada aprazível! — e, reportando-se a dois guardas, ordenou: — Tragam a prisioneira!

Pouco depois, os guardas retornaram ao recinto ladeando uma mulher seminua, com os pulsos acorrentados, de aparência que inspirava a mais profunda repugnância.

Segurando-a pelos cabelos, Azaziel fê-la ajoelhar-se diante da plateia ensandecida. A prisioneira aparentava não tomar conhecimento dos fatos que se desenrolavam à sua frente. Seu semblante era de extremo alheamento e extrema perturbação.

— Veem essa miserável?! Ela assassinou covardemente oito filhos, fazendo uso de medicação preparada por suas próprias mãos para essa finalidade! Irmãos, ela não queria desfigurar seu belo corpo com as repetidas gestações que sua vida promíscua e leviana deram causa!

A plateia gritava toda sorte de impropérios. Se a infeliz assassina já não estivesse desencarnada, certamente a teriam condenado à morte naquele momento.

— Que pena devo aplicar a ela, meus irmãos?

Enquanto os presentes gritavam, os horrendos olhos de Azaziel flamejavam de ódio. Ele questionou a multidão, que respondeu a um só coro:

— Loba! Loba! Loba!

— Se assim o querem, assim o farei, meus irmãos!

Atendendo aos reclames da plateia em fúria, Azaziel impôs as mãos horrendas em torno do perispírito da infeliz e, em gestos rápidos e ágeis, desfigurou a aparência da desencarnada.

Diante de todos, a prisioneira assumiu a horrenda feição de uma loba e ganhou patas, garras pontiagudas e pelos escuros por todo o corpo, que se atrofiara, envergado. Ela, então, pôs-se a uivar loucamente, como se aquela criatura desfigurada nunca tivesse ostentado a aparência humana um dia.

Domando o espírito transfigurado em animal furioso, em clara manifestação de licantropia, os guardas puseram uma grande corrente em volta da bocarra da mulher. Azaziel ordenou rispidamente:

— Levem-na para o covil das lobas!

A plateia exultou, enquanto os guardas arrastavam a infeliz para a masmorra.

\*\*\*

O suor frio escorria pela face em grossos filetes. Virgílio, com o lenço sempre à mão, repetidamente procurava secar a expressão de evidente nervosismo que tomava conta de si.

Naquela terça-feira abafada do verão carioca, o destino do rapaz, cuja trajetória fora afetada por graves infortúnios, estava sendo definitivamente traçado. Ele iria enfrentar corajosamente o esperado vestibular para a Escola de Anatomia, Medicina e Cirurgia, situada no Morro do Castelo, na capital do Rio de Janeiro. Aquele era o seu momento ímpar de mudança de vida. Tudo dependia exclusivamente do seu desempenho.

Foram noites e mais noites insones, em que Virgílio estudou arduamente. A rotina do rapaz, nos últimos meses, resumira-se a livros, aulas e anotações constantes das matérias estudadas a fim de memorizar o conteúdo.

Constantemente, pensamentos saudosos remetiam-no à querida Luana, que fora sua maior inspiração nesse árduo processo de preparação para o vestibular. Ele queria provar para si mesmo que era capaz de vencer, tornar-se um homem de bem e respeitado pela sociedade e exercer o honroso ofício da Medicina, empenhando-se em salvar vidas — o que não pudera fazer pela sua doce amada e por seus filhos, que não tiveram a oportunidade de vir ao mundo.

Naquele momento decisivo, os diletos amigos espirituais do jovem Virgílio vibravam positivamente em seu favor no Mundo Maior e, unidos em oração, emanavam os melhores eflúvios para que o rapaz tivesse a lucidez e clareza necessárias no momento de prestar o tão aguardado certame.

Sem que ele sequer suspeitasse, Regina e frei Serafim, juntos na espiritualidade, encontravam-se em oração, colaborando silenciosamente para o sucesso do rapaz. Afinal, estava nos planos da Providência que Virgílio abraçasse com amor a nobre missão do exercício da Medicina — e os fatos se encaminhavam para o fim determinado.

# CAPÍTULO 8

Amparo definhava dia após dia, alternando momentos de extrema lucidez com outros nos quais delirava terrivelmente. Além disso, o sentimento de impotência de Consuelo minava a força moral da mulher.

Muito embora tenha auxiliado sua genitora no odioso ofício de exterminar vidas humanas ainda no útero materno, Consuelo, em seu íntimo, nunca nutrira pela atividade a mesma simpatia e naturalidade demonstrada por Amparo no desempenho da função.

Desde sempre, o desejo maior de Consuelo era prosseguir nos estudos e lecionar, desvinculando-se definitivamente daquele ofício de natureza escusa. Todavia, tal impulso nunca fora incentivado por Amparo, que sonhava em ver sua única filha dando prosseguimento ao negócio familiar.

É fato que Consuelo terminara os estudos no Liceu e estaria apta, em tese, a lecionar. Entretanto, a moça nunca enfrentara uma sala de aula e nunca se dispusera a exercer a profissão de professora, uma vez que sua vida fora permeada pelo luxo proporcionado pela atividade insidiosa que exercia junto com a mãe, que a incentivava na rotina de devassidão.

Naquele momento, enquanto Amparo estava sob o efeito de um poderoso narcoléptico ministrado pela enfermeira para que pudesse desfrutar de um pequeno instante de sono profundo, Consuelo, recostada na poltrona que lhe servia de posto de observação permanente desde que a mãe caíra doente, pensava no porvir.

Por ocasião da morte próxima da mãe, a moça obrigava-se a pensar no que faria da vida quando tal desdita finalmente fosse consumada. Completamente consciente da proximidade do evento, Amparo deixou a filha totalmente a par das finanças de ambas, revelando-lhe, inclusive, que constituíra um bom pecúlio para a filha. Consuelo teria uma vida mais modesta, sem esbórnias e luxos desnecessários, mas não ficaria desamparada. Por ocasião da morte da mãe, poderia vender aquele casarão, adquirir, com o produto da venda, um imóvel mais adequado a uma jovem solitária e guardar o restante do dinheiro na poupança.

Consuelo já pensava no que faria do futuro, uma vez que não possuía vontade alguma de prosseguir no ofício de aborteira. Desejava recomeçar a vida em outro lugar, talvez em uma nova cidade. Quem sabe no Rio de Janeiro poderia começar do zero?

Enquanto acalentava tal desejo de mudança em felizes devaneios de recomeço, Consuelo não notou no ambiente a presença de duas entidades trevosas, que captavam seus pensamentos mais íntimos.

— Antero, Antero! Veja só! Consuelo está pensando em recomeçar! — alertou Leônidas ao irmão.

— Mas não me diga! É mesmo? Veremos até onde ela irá com essas ideias de "recomeço"! Justamente ela, que colaborou para que nós dois não pudéssemos recomeçar! A hora da vingança também chegará para Consuelo, todavia, nosso foco no momento é Amparo. Uma desforra de cada vez.

***

Desdobrando-se na observação dos acontecimentos, Regina dividia-se na assistência à filha, que ainda se recuperava do desencarne violento, e mantinha-se em oração em favor de Orestes, Amparo, Leônidas e Antero.

A situação dos quatro últimos era muito delicada, uma vez que estavam inacessíveis aos benfeitores espirituais devido aos sentimentos de baixo padrão vibratório que nutriam uns pelos outros e por si mesmos. Naquele momento, nada poderia ser feito por eles e os fatos se encadeariam, invariavelmente, para a concretização dos piores prognósticos possíveis.

Enquanto gozava de um pequeno instante de descanso, Regina dirigiu-se para um mavioso e bucólico parque situado na Raio de Luz.

O céu, de um azul turquesa belíssimo, estava pontilhado de luzes coloridas das mais variadas tonalidades. Pequenos e belos pássaros, em sua maioria desconhecidos da humanidade terrestre, sobrevoavam o céu, gorjeando alegremente seus cânticos de doçura. Sentada na relva, sob uma árvore frondosa, em cujo caule recostara o corpo, Regina foi tocada pelo triste enredo protagonizado por seus entes queridos. Seus olhos, então, umedeceram em pensamentos de amargura e desencanto.

Por diversas vezes, Regina sonhou em receber, naquela mesma Raio de Luz, o marido amado e a filha em condições tão diversas daquelas que se desenhavam diante de seus olhos.

A despeito da tristeza que nutria dentro de si, crianças corriam alegremente pelo jardim verdejante, casais conversavam despreocupadamente, e outros passavam apressados, aparentando concentração em suas missões de trabalho redentor. Outros, ainda, ostentavam a aparência de quem estava em processo de convalescência. A atmosfera convidava, de qualquer modo, ao refazimento e à alegria.

A vida prosseguia na Raio de Luz, em toda a sua pujança.

Observando todo aquele feliz movimento ao redor, Regina suspirou cheia de resignação e pensou: "É preciso prosseguir.

A vida segue seu rumo. Confiemos nos desígnios de Deus, e tudo se encadeará para o melhor. O Pai nunca desampara seus filhos".

Lendo os mais íntimos pensamentos de Regina, frei Serafim, que a observava de longe, tocou-lhe o ombro e disse:

— Minha querida, deposite seus dolorosos sentimentos em Jesus Cristo, crendo que o melhor se dará para todos os seus entes amados. A dor virá, inevitável, para você e para eles como consequência dos insucessos de hoje e de outrora, mas, ao final, a luz da redenção brilhará, e uma nova etapa existencial, mais plena e conscienciosa, sorrirá para todos nós.

Duas grossas lágrimas rolaram pela face contrita de Regina. Aproximando-se da amiga, frei Serafim sentou-se ao lado dela, recostou-se na bela árvore e, como em um momento de grave devaneio, prosseguiu:

— Recordo-me ainda, com extremo arrependimento, dos recuados tempos em que todos nós professávamos a mesma fé, recolhidos no mosteiro de minha saudosa província de Trento. Recorda-se, minha amada Regina? Penso mesmo que, se nós não houvéssemos incorrido naqueles graves equívocos, poderíamos ter sido muito mais felizes. Poderíamos ter construído uma história menos pontilhada por tantas dores e tantos desenganos.

Nesse momento, como num gesto automático, frei Serafim segurou a mão delicada de Regina entre as suas, como se tivesse recordado um sentimento longínquo, ainda presente, naquele momento de expressão de afeto recíproco.

Regina respirou fundo e ajuntou:

— Lembro como se tivesse sido ontem. Eu, moça ainda, jovem noviça de origem nobre extremamente rebelde, auxiliava nas pequenas atividades de limpeza do Convento de San Bernadino[9], como faziam as demais noviças, e você,

---

9   O Convento de São Bernadino dos Padres Franciscanos situa-se na Província Autônoma de Trento, na Itália, e foi fundado no ano de 1689.

igualmente jovem, mas já ordenado frei. Belo, alto, esguio, com sua face resplandecente e seus belos olhos sedutores, que ainda ostenta, mesmo agora na erraticidade, tantos séculos após aqueles idos tempos. Recordo-me perfeitamente de você, de mim e do quão inconsequentes erámos naquele tempo.

Frei Serafim estreitou ainda mais a mão de Regina entre as suas.

— Se soubéssemos naquele tempo o que sabemos agora, se fôssemos capazes de divisar as consequências dos atos que cometemos naquele recuado pretérito, quantas existências permeadas pela dor teríamos poupado? Quantas lágrimas vertemos inutilmente, uma vez que ninguém é capaz de escapar da consequência dos próprios atos? Naquele tempo, não ardia em meu coração esse amor puro, doce, resignado, das criaturas que aceitam os desígnios de Deus com brandura. Você é testemunha do que sou hoje e do que fui outrora.

— Eu sei, meu querido. Eu sei. Já não somos e nunca mais seremos os mesmos. Aqueles caminhos tortuosos já foram todos percorridos. Ademais, prossigamos adiante, rumo ao progresso inevitável e destinado às criaturas de boa vontade em busca da mais plena redenção.

*\*\*\**

A jovem caprichosa de outrora dera lugar a uma prestimosa tarefeira da Raio de Luiz. Guardando sempre um delicado e entristecido semblante de resignação, Luana integrara-se perfeitamente às atividades da colônia e procurava auxiliar no que fosse possível. Ela se empenhava ao máximo com a finalidade de sentir-se verdadeiramente útil e com a clara intenção de desviar-se da tristeza que tomava conta dos seus mais íntimos pensamentos. Uma saudade profunda de Virgílio a abatia, constantemente, muito embora procurasse debelar fortemente tal disposição de espírito.

Luana sabia que, naquele momento, a vida deveria prosseguir para ambos e que sua tristeza não seria capaz de mudar o rumo dos acontecimentos.

Desde o desencarne, as descobertas que Luana fizera a respeito da vida na espiritualidade a encantavam. Nunca passara pela cabeça da jovem rica e caprichosa que haveria uma "vida após a vida" e que a morte, na verdade, se tratava apenas de um momento transitório, fugaz. A existência, em toda a sua pujança, continuava na espiritualidade, muito maior e mais bela do que antes, e só dependia de cada um de nós conquistar o melhor que aquela nova etapa tinha a oferecer.

Enquanto se dirigia ao Educandário Filhos do Pai Celeste para executar a grata atividade do dia, Luana meditava sobre o rumo que sua trajetória tomara, observando o quanto tinha mudado no curto espaço de tempo do seu desencarne até aquele instante. E, como um presente da espiritualidade, fora-lhe designada a feliz atividade de servir como tutora temporária do pequeno Marquinhos.

O complexo que se prestava como abrigo e educandário de crianças desencarnadas em tenra idade reunia quatro construções enormes, dispostas lado a lado e cercadas de jardins belíssimos, como era a caraterística geral da Raio de Luz. Cada prédio se destinava a finalidades específicas para atender aos diferentes estágios de desenvolvimento evolutivo dos irmãos que desencarnavam durante a infância e a adolescência terrestres.

O Educandário Filhos do Pai Celeste, prédio onde Luana estava servindo, abrigava crianças desencarnadas até meados dos dez anos de idade — na contagem terrestre —, que aguardavam o estágio de desenvolvimento psicoafetivo da infância. Lá participavam de atividades lúdicas e recreativas diversas, além de terem contato com as primeiras lições sobre a realidade espiritual, sempre respeitando o grau de compreensão daqueles espíritos.

Entre as diversas finalidades a que se prestava o dito educandário, lá também residiam temporariamente tais irmãos desencarnados até serem encaminhados a uma nova existência terrestre.

O ambiente inspirava uma atmosfera de enorme aconchego e recreação e fora projetado para abrigar os infantes da melhor e mais alegre maneira possível. Tons coloridos e divertidos decoravam o interior do prédio, e diversas salas, destinadas à recreação e ao lazer, espalhavam-se por todo o complexo educacional.

Após adentrar o lugar, Luana foi recebida e identificada na recepção — uma vez que só tarefeiros autorizados poderiam ter acesso ao interior do educandário — e rapidamente se dirigiu à sala onde a turma de Marquinhos acabara de assistir a uma aula divertida, cujo tema era "a importância de amar ao próximo" — conforme a jovem lera em um aviso afixado à porta do recinto.

Luana carregava um pequeno e ilustrado exemplar infantil da obra *O Evangelho Segundo o Espiritismo*, cujos textos haviam sido adaptados pela diretoria da colônia para os infantes que habitavam a Raio de Luz.

Após terminada a aula, o pequeno Marquinhos saiu alegremente da sala e, avistando de imediato sua tutora Luana, abraçou-a efusivo, enquanto perguntava tomado pela ansiedade:

— Tia, o que faremos hoje? Já estava com saudades!

Enternecida, Luana respondeu:

— Vamos estudar juntos um livro importante! Você vai gostar muito de conhecê-lo.

— Sério, tia Luana? Que livro?

Enquanto os dois caminhavam alegres, Luana colocou nas mãos do menino o pequeno exemplar do livro e disse:

— Chama-se *O Evangelho Segundo o Espiritismo*. Você vai adorar! Vamos estudar rotineiramente um pequeno trecho desse livro e conversar sobre ele. Que tal começarmos hoje, no parque? Sei que você gosta muito de lá, Marquinhos.

— Gosto sim, tia Luana! Promete que vamos estudar e que, depois, brincaremos um pouco? — pediu sorridente o menino.

— Prometo! — respondeu Luana com alegria, e, juntos — a moça segurou a delicada mãozinha do pequeno Marcos — caminharam contentes rumo ao parque central da Raio de Luz.

# CAPÍTULO 9

Sem que Leônidas e Antero suspeitassem, o rumo dos acontecimentos precipitaria a derrocada de Orestes mais cedo do que eles imaginavam e por razões inesperadas.

Era outubro de 1929, e Orestes Monferrato tinha muitos investimentos no mercado norte-americano, figurando como o maior magnata brasileiro, proprietário de milhões de dólares em ações de diversas empresas sediadas nos Estados Unidos. Além disso, uma parte significativa do capital lastreado no Brasil, naquele tempo, encontrava-se investido nas lavouras de café paulistas.

Todavia, em virtude do *crash* da Bolsa de Nova Iorque[10] e da crise mundial desencadeada por tal evento econômico catastrófico, a maior parte dos investimentos do magnata praticamente ruíram do dia para a noite. Em função da Grande Depressão americana, os EUA, que figuravam como principal comprador do café brasileiro, suspenderam a importação do

---

10   O *crash* da Bolsa de Nova Iorque foi o ápice da derrocada econômica dos EUA após a Primeira Guerra Mundial, evento que fez parte da chamada "Grande Depressão", marcada por uma grave recessão norte-americana. Diversas empresas faliram ou sofreram grande desvalorização na Bolsa de Valores de Nova Iorque, e fortunas ruíram no mundo inteiro.

grão, fazendo os investimentos de Orestes Monferrato na lavoura do grão perderem-se em grande parte.

As finanças de Orestes começaram, de certo modo, a refletir a completa desordem emocional que tomava conta do magnata e, muito embora não tivesse ido à bancarrota, ele rapidamente deixou de possuir a maior fortuna do país e passou a figurar como um homem rico, mas sem o poderio econômico de outrora. O empresário perdera, definitivamente, o posto de magnata incontestável que ostentara por anos e anos, posição herdada de sua família fidalga.

Afundando-se dia após dia na ilusão da bebida, Orestes viu, de forma célere e contundente, sua higidez física dar lugar aos efeitos deletérios do álcool em seu organismo, já fragilizado pela rotina de excessos na qual passara a conspurcar.

Os dias avançavam, e Orestes isolava-se em seu casarão. Ele mantinha-se inacessível aos seus funcionários, a quem entregara o comando de suas empresas.

O terrível ano de 1929 estava prestes a acabar e, naquele trinta e um de dezembro, a casa vazia e os corredores silenciosos desenterravam do mais íntimo do ser recordações por demais dolorosas.

Sentado em uma poltrona confortável em seu gabinete luxuoso, acompanhado de uma generosa dose de uísque, ao som do gramofone que tocava ininterruptamente, Orestes rememorava sua pequena Luana, em tenra idade, correndo pelos corredores do casario e entrando alegremente por aquele mesmo gabinete:

"Papai, papai, vamos brincar? Está um dia tão lindo lá fora!", pedia, rindo, enquanto se atirava sobre os joelhos de Orestes.

"Luana, minha querida, não sabe que estou trabalhando? Convide sua babá para brincar. Agora não posso, tenho muitos afazeres." E reviu, diante dos olhos, a pequena Luana retirando-se cabisbaixa, tantas vezes, de seu gabinete.

Profundamente amargurado pela tragédia a que dera causa, Orestes pensava: "Deus, o que fiz com minha querida filha?! Quis preservar o nome e a reputação de minha família e perdi, covardemente, meu bem mais precioso. Perdi minha filha, que era tudo o que tinha na vida. E agora, Deus, o que tenho? Eu não tenho nada, absolutamente nada que me importe e que dê sentido à minha vida. Tirei a vida de minha própria filha e de duas criaturazinhas que poderiam ter feito minha alegria. Matei minha filha e meus netos. E, hoje, estou só nesta mansão absolutamente vazia. Sou um monstro!".

Enquanto Orestes pensava, amargurado pela crueldade que cometera e consumido pelo arrependimento, grossas lágrimas rolavam por seu rosto e escorriam por seu pescoço. Ele soluçava alto, intercalando gemidos de dor e goles de uísque com a garrafa já em punho.

Repentinamente, Orestes foi tomado por uma incômoda sensação de sufocamento. Ele desabotoou a camisa, e um suor frio tomou conta de sua face, enquanto o braço esquerdo pendia em função de uma dor abrupta que dominou o membro.

Para Orestes, a sala girava ao seu redor. Ele, por fim, desabou da poltrona, caindo no chão, sem sentidos. O empresário sentiu seu corpo tocar o carpete e, em seguida, perdeu a consciência. Ele sofreu um infarto fulminante.

Como se longos momentos houvessem passado, Orestes despertou de uma espécie de sono perturbador sentindo-se imobilizado. O empresário não conseguia mover os membros e tinha a impressão de que estava preso ao solo. O corpo não respondia mais à sua vontade.

Quando conseguiu abrir os olhos lentamente, divisou no ambiente duas figuras em pé ao seu lado e tentou, aflito, pedir socorro.

— Senhores, não consigo me mover! Chamem um médico! Meu corpo não responde!

E, como resposta, ouviu duas risadas cruéis de Antero e Leônidas.

— Quer levantar, meu caro Orestes? — perguntou sarcástico Antero.

— Por favor, me ajude! Tenha piedade! — gritou em desespero Orestes.

— Creio que não será possível ajudá-lo — respondeu Leônidas após uma terrível risada.

Enquanto se escarneciam do ex-magnata, que permanecia ainda jungido ao corpo físico estendido no chão, Leônidas arrematou:

— Bem-vindo ao mundo dos mortos, meu prezado Orestes! Nós o estávamos aguardando.

*\*\**

Após prestar o ansiado vestibular — dividido em dois dias de provas dificílimas, que o extenuaram e preocuparam sobremaneira —, Virgílio finalmente retornou à casa dos pais carregando consigo a expectativa do resultado, que estava previsto para ser divulgado em um mês.

A humilde, porém digna residência de Antônio Carlos e Laura, situada na Freguesia do Ó, no subúrbio paulistano, trazia-lhe o conforto emocional necessário para aguardar o resultado da prova.

Quando retornou para casa, os prestimosos pais de Virgílio aguardaram-no com uma lauta refeição posta à mesa. O jovem foi recebido no lar com a alegria de quem retorna da guerra são e salvo. A mãe do rapaz, assim que o viu, abraçou-o fortemente, aconchegando o filho ao seio, ao tempo em que dizia:

— Meu amor, alegria de minha alma, seja qual for o resultado, você já é vitorioso para mim.

Antônio Carlos, sempre muito sisudo, ajuntou:

— Laura, largue o menino, que ele deve estar com fome! — e, aproximando-se da mesa, disse: — Sente-se, meu rapaz. Chega de pensar em estudo e provas. Vamos comer.

Alegre, Virgílio sentou-se à mesa com os pais e relatou-lhes as impressões que tivera do Rio de Janeiro, entre uma garfada e outra do delicioso guisado preparado por Laura:

— Mamãe, papai, vocês nem imaginam o quanto a capital carioca é bonita! Enquanto me dirigia até o local da prova, passei rapidamente em frente à praia, não me recordo do nome, e fiquei maravilhado com a beleza da areia branquinha e pontilhada de banhistas. Apesar da visita rápida, fiquei encantado com a cidade e com a beleza das moças cariocas!

Percebendo o bom humor do filho, que, animado, contava os detalhes do que vira na capital carioca, o casal trocou gratos olhares de alívio, como se, naquele momento de intercâmbio familiar, a nuvem de tristeza que parecia permear constantemente o olhar do rapaz houvesse se dissipado por um instante. Aquele era o Virgílio que seus pais gostavam de ver: alegre, falante, animado, enfim, feliz.

Após a lauta refeição em família e de um bom banho demorado, o rapaz dirigiu-se aos seus aposentos a fim de descansar.

E assim, em um tranquilo concurso de espíritos que se amavam profundamente, quase cinco semanas passaram até que, numa bela manhã de janeiro de 1930, Laura recebeu logo cedo a tão ansiada correspondência emitida pela Escola de Anatomia, Medicina e Cirurgia do Rio de Janeiro.

Quando o carteiro, solícito, entregou a correspondência nas mãos trêmulas de Laura, ela, sem segurar a ansiedade, correu da varanda para o interior da residência, gritando e sacudindo no ar a correspondência:

— Virgílio, Virgílio, meu filho! Chegou o resultado!

Entretido em uma animada conversa com o pai, o rapaz interrompeu o diálogo e disse:

— Abra, mãe. Abra logo a carta! — pediu, quase sem fôlego, tamanha era a ansiedade.

— Não sei se tenho coragem... — disse, trêmula, a pobre Laura.

Antônio Carlos retirou o pequeno envelope pardo das mãos da esposa e disse sem meias palavras:

— Me dê logo isso para que eu possa abrir — rasgou o envelope e prosseguiu, lendo em voz alta: — Prezado Senhor Virgílio Sampaio Pires de Godoy, a Escola de Anatomia, Medicina e Cirurgia tem a honra de informá-lo de que foi aprovado com louvor no vestibular de Medicina, alcançando o primeiro lugar na colocação geral. Por gentileza, para efetuar sua matrícula.... — e, sem conseguir concluir a leitura, com a voz embargada, Antônio Carlos abraçou o filho, e os dois caíram ajoelhados, agradecendo a Deus, em uma oração emocionada, a vitória alcançada.

Profundamente abalada com a notícia, Laura quase desmaiara na poltrona da sala. Todos choravam de emoção, agradecendo à Providência, sem saber que, presentes no recinto, estavam também Regina e frei Serafim, igualmente felizes e enchendo o ambiente de eflúvios benfazejos. Para Virgílio, tudo corria a contento.

***

Ao longo dos séculos de serviços prestados à organização e em razão da dedicação demonstrada no desempenho do cruel labor, Azaziel granjeara as mais diversas posições — sempre em escala ascendente — na hierarquia da entidade umbralina Irmãos de Caim. Todos o reverenciavam — desde os principiantes até os mais antigos e portentosos chefes da entidade.

Destacava-se entre as atribuições de Azaziel o papel de juiz no tribunal infame, que era sempre acionado quando irmãos filiados solicitavam os préstimos da organização em desfavor de encarnados ou desencarnados que praticassem atos considerados "delitos graves" e dignos do julgamento circense.

Além de dominar diversas técnicas para melhor conduzir graves processos obsessivos, em especial a subjugação, o terrível chefe ainda tinha mais um grande diferencial: desempenhava, com maestria, obscuras técnicas de manipulação perispiritual. Azaziel dominava como ninguém a habilidade de transmutar a aparência do perispírito de qualquer desencarnado que estivesse sob seu domínio e apresentasse faixa vibratória suscetível à manipulação compatível com a terrível prática.

Por predileção pessoal, no entanto, os principais alvos de tais técnicas obscuras eram sempre os desencarnados que tivessem participação em abortos intencionais. Mesmo entre os espíritos que habitavam o umbral, onde se situava a sede da organização, a prática do aborto era amplamente repudiada. E a esses que se viam envolvidos em tais crimes, a habilidade de Azaziel era desempenhada com extrema crueldade.

A sede da organização contava com diversos setores, que eram voltados para os diferentes objetivos dos militantes da entidade. Muito embora ostentasse uma aparência grosseira para o grande público, Azaziel tratava-se, na intimidade dos seus aposentos, de um grave e sisudo senhor franzino, que utilizara sua habilidade de manipular perispíritos em seu próprio benefício. Ele sabia que a aparência tenebrosa impunha maior respeito e temor nos filiados do que aquela ostentada em sua última existência terrestre compulsória, quando desempenhou cargo de relevo na hierarquia da Igreja Católica.

Sob o hábito franciscano do frade Vitoriano de La Serra, autoridade eclesiástica que comandara com mão de ferro o Convento de San Bernadino, em longínquo pretérito, Azaziel achava-se camuflado pela aparência franzina que ostentara em sua última encarnação, um caráter extremamente cruel e de uma hipocrisia sem tamanho.

Nos meandros mais profundos da Igreja e em diversos conventos e mosteiros, crimes terríveis e atrocidades eram ocultados sob a chancela das autoridades eclesiásticas, e tal conduta fazia parte da rotina do frade Vitoriano.

A baixa estatura, os olhos azuis ligeiramente acinzentados, a pele extremamente pálida e enrugada em diversos pontos da face, bem como os baços cabelos brancos rareados no entorno da cabeça calva no topo, à moda dos franciscanos, nem de longe poderiam denunciar a perversidade de caráter daquele homem, que almejara no passado o ingresso na vida eclesiástica com uma única e exclusiva finalidade: o desejo pelo poder.

Nada poderia seduzir mais aquele clérigo infame do que o poderio econômico e a autoridade que emanavam abundantes da Igreja Católica, de modo que, em meados de outubro de 1694, foi fundado o Convento de San Bernadino. O frei Vitoriano de La Serra foi designado para comandar a entidade, que se destinava exclusivamente ao abrigo da vida monástica de frades franciscanos.

Entre as grossas paredes da antiga entidade católica, diversos crimes ocorreram sob a chancela e orquestração do abade Vitoriano, cujo enredo se repetia com requintes de crueldade superlativa na Irmãos de Caim, camuflado sob o perispírito deformado do temido Azaziel.

***

Madrugada adentro, Consuelo revezava-se com a enfermeira naquele dia extremamente tenso para a doente, que queimava de febre e não parava de delirar. Intercalando gritos de dor e choros convulsivos, o corpo de Amparo, deveras fragilizado, recusava-se a entregar-se.

O suor pegajoso escorria pela face macilenta e descolorida da doente terminal, que apertava fortemente a mão da filha, posicionada ao seu lado no leito. Altas doses de medicamentos para dor já haviam sido ministrados naquela noite, mas já não faziam efeito.

O voraz câncer uterino espalhara-se pelas entranhas de Amparo, e um sangue fétido e putrefato escorria por entre suas pernas. Naquela noite, a grave hemorragia não cessava um minuto sequer. O odor que exalava de dentro de si era nauseabundo, quase insuportável, por maiores que estivessem sendo os cuidados dispensados à doente.

Ainda que profundamente perturbada do ponto de vista psíquico, Amparo resistia à proximidade da morte física. Ela receava morrer e encontrar o tão propagado inferno, que já estava experimentando antes mesmo de deixar o corpo físico.

A dor era profunda, e Amparo nem sequer suportava movimentar qualquer um de seus membros. Além disso, a fraqueza a dominava por completo.

Repentinamente, um gélido torpor avançou sobre Amparo, que sentiu todo o seu corpo ficar dormente. Ela não conseguia mais erguer as pálpebras.

Um sono implacável e repentino dominou a mulher por completo, enquanto, lentamente, ela começou a sentir como se estivesse sendo erguida no ar e aproximando-se do teto da alcova. Ao longe, como se nada naquele ambiente lhe dissesse respeito, ouvia o som lamurioso do choro desesperado de Consuelo:

— Mamãe, mamãe, por que me abandonou tão cedo?! Por favor, mamãe, volte para mim!

Sem tomar consciência plena do fato, Amparo desenlaçou-se definitivamente do veículo físico. O desencarne chegara para a doente quase como um ilusório instante de alívio diante da agonia que vivenciara por um alargado período.

Ao lado do corpo fétido, ansiosas, diversas entidades trevosas aguardavam o desenlace corpóreo da criminosa enferma para darem início ao inferno propriamente dito e ao qual Amparo tanto temia. Para a multidão de desafetos que a aguardava no umbral, chegara a hora da vingança.

# CAPÍTULO 10

As últimas palavras proferidas pelos dois estranhos ecoavam certeiras na mente de Orestes.

Antero e Leônidas retiraram-se do ambiente, gargalhando alto, rindo debochados, enquanto o entregavam à própria sorte, apesar do pedido de ajuda que fizera. Orestes não compreendia inteiramente aquele estado de coisas, uma vez que, apesar de estirado no chão e de não conseguir mover um único dedo, se sentia completamente lúcido, ouvia tudo à sua volta e podia comunicar-se. E pensava: "Tive apenas um passamento. A qualquer momento, serei resgatado! Aqueles idiotas zombaram de mim, me negaram socorro e até insinuaram que eu estivesse morto! Assim que eu for resgatado, darei um jeito de mandar capturar esses animais!

Embora tivesse tombado da poltrona ao chão e ficado de bruços com o rosto posicionado lateralmente, o corpo caíra em parte sobre o braço esquerdo. A posição, definitivamente, era ingrata para Orestes e não permitia que ele visualizasse o rosto dos invasores. O magnata viu apenas os pés dos bandidos, o que dificultaria a id9entificação dos homens.

Orestes gritava por socorro até recordar-se, em meio ao ataque de desespero que o acometera, que naquele 31 de dezembro de 1929 dispensara os serviçais para retornarem apenas no dia 2 de janeiro do ano seguinte. Tratava-se do ano-novo, e Orestes tinha o costume de dispensar os empregados naquela época do ano. Então, o infeliz atentou-se para o fato de que não adiantava gritar, pois ninguém o ouviria.

Sem conseguir precisar corretamente a passagem do tempo, Orestes começou a sentir o corpo enrijecido. Longe de entender completamente o que lhe passava, o recém-desencarnado foi alvo do que se conhece como rigidez cadavérica: o corpo físico encontrava-se endurecido, incapaz de mover-se.

Como se não bastasse a desesperadora situação de abandono em que julgava encontrar-se, à medida que o tempo avançava — sem conseguir precisar exatamente a passagem das horas —, Orestes começou a perceber que um inchaço extremo tomava conta de si. Rapidamente, o corpo do homem deformou-se de tão inflado, a tal ponto que temeu explodir. O magnata sentia como se suas entranhas estivessem rompendo dentro de si. A cena era pavorosa. Num dado instante, ele percebeu que fluidos estranhos emanavam de si por todas as suas cavidades.

Orestes, então, recordou-se mais uma vez das palavras proferidas pelos intrusos: "Bem-vindo ao mundo dos mortos!".

Somente aí, num lampejo de lucidez diante dos sintomas demonstrados pela enfermidade que julgava estar acometendo-o, o arrogante Orestes Monferrato tomou consciência da gravidade da situação e finalmente raciocinou: "Céus, estou morto! Como pude ser tão tolo?! Tive um mal súbito, morri e, o pior, estou aqui, consciente de tudo, assistindo ao meu corpo apodrecer terrivelmente!".

No momento em que teve tal lampejo de lucidez, Antero e Leônidas adentraram o ambiente mais uma vez. Como de costume, os dois estavam rindo muito.

Leônidas manteve-se de pé diante de Orestes, enquanto Antero se agachou-se para ser melhor visualizado pelo recém-desencarnado, que questionou aterrorizado:

— Quem são vocês? Por acaso seriam emissários do demônio?

Rindo, Antero respondeu sarcástico:

— Não se recorda de mim, meu querido avô?

\*\*\*

A rotina extremamente laboriosa de Regina na Raio de Luz permitiu que, por mérito, ela granjeasse ser mantida a par dos acontecimentos relevantes que envolviam seus entes queridos, que ainda se encontravam na crosta terrestre, sem necessariamente para lá se dirigir. Ela tinha acesso aos acontecimentos nos mínimos detalhes. Detalhes estes que eram fornecidos pelo setor responsável por acompanhar o desencarne dos irmãos que estavam vinculados àquela colônia redentora.

Na Raio de Luz, o setor denominado "Encerramento de Ciclos Terrestres", que acompanhava o desencarne dos irmãos que lhe eram vinculados, tinha por finalidade preparar, conduzir e acompanhar o processo de desenlace corpóreo de tais espíritos.

No momento em que finalizava a aula de uma turma de alunos encarnados, que, durante o sono redentor, recebiam instrução na Raio de Luz, Regina foi gentilmente chamada pelo tarefeiro Elias para se dirigir ao setor mencionado.

— Como vai, minha querida Regina? Que belíssima aula! Acompanhei os últimos ensinamentos, e você, como sempre, foi de uma clareza e simplicidade sem precedentes.

Regina, agradecida pelo elogio sincero, mas sem esquecer a modéstia que lhe marcava as atitudes, respondeu:

— Meu caro Elias, obrigada pelas palavras de incentivo, mas julgo que estão além do meu merecimento.

— Jamais, minha querida! Todos aqui observam e admiram sua competência, todavia, o motivo que me trouxe até você é para mantê-la a par dos últimos acontecimentos pertinentes ao senhor Orestes, com quem se casou no plano terrestre e por quem ainda devota carinho e preocupação. Acompanhe-me até o setor.

Ao ouvir tais palavras e já antevendo o que viria, Regina acompanhou silenciosamente o tarefeiro Elias para se inteirar dos fatos.

Elias e Regina dirigiram-se rapidamente ao moderno terminal de integração da colônia, onde poderiam deslocar-se de modo ligeiro para instâncias de trabalho superiores e não acessíveis aos tarefeiros e recém-desencarnados em estágio evolutivo ainda relativamente primário.

O moderno setor responsável pelo acompanhamento de desencarne de espíritos vinculados à Raio de Luz, muito embora trabalhasse exclusivamente para aquela colônia em razão da delicadeza e gravidade dos esforços encetados, situava-se em uma faixa vibratória superior àquela em que se localizava a sede da colônia espiritual, que se estendia por uma faixa vibratória mais densa e bem próxima da crosta terrestre.

Os espíritos encarregados de orientar e acompanhar o processo de desencarne tratavam-se de irmãos em estágio evolutivo mais sutil do que aqueles que se encontravam na sede da Raio de Luz — fato que não era regra geral nas demais colônias espirituais assemelhadas. Muito embora o departamento exercesse suas atividades exclusivamente para a referida cidade espiritual, se situava em um plano superior, e, para ter acesso às informações pertinentes aos desencarne de Orestes, Regina fora convidada, como de costume, a deslocar-se para a referida localidade.

Como se tratava de uma região cuja faixa vibratória era mais sutil, tal deslocamento tinha de ser realizado por meio de um veículo específico para tal finalidade. E, apesar da gravidade das notícias às quais teria acesso, ter a oportunidade de realizar tais deslocamentos era sempre um momento de deleite indescritível.

O terminal de integração situava-se em um prédio específico, cujo acesso só era permitido aos tarefeiros autorizados. Rapidamente, Elias mostrou suas credenciais ao solícito atendente que recebia os visitantes na entrada do local, que, à moda das estações de trem terrestres, permitia que os viajantes ultrapassassem o guichê rumo à plataforma de embarque.

Enquanto aguardavam em pé pela condução, o veículo de formato ovalado, composto em grande parte de um material ligeiramente incolor, quase translúcido, materializou-se para os dois tarefeiros. Uma abertura instantânea permitiu a entrada dos passageiros e fechou-se logo em seguida, quando os dois atravessavam o limiar para se acomodarem em seus respectivos lugares.

Havia dois assentos apenas, uma vez que o estranho veículo ovalado se adaptava imediatamente à quantidade de passageiros que embarcassem em cada viagem.

Após Elias e Regina se acomodarem em seus respectivos lugares, do teto da nave desceram um par de conectores, que eram disponibilizados para cada passageiro e que se ajustavam às têmporas dos visitantes.

Assim, no momento em que foram acionados os conectores, Regina e Elias caíram em um sono profundo para não sentirem os efeitos do deslocamento entre duas faixas vibratórias tão distintas. Quando, por fim, adormeceram, o veículo deslocou-se em uma velocidade totalmente desconhecida pela humanidade terrestre. Sem toda a proteção da nave, o impacto no perispírito dos dois poderia ser comparável ao do ser encarnado na Terra deslocando-se por meio de uma nave espacial, não apenas para outro planeta, mas para uma dimensão estelar totalmente distinta.

O referido transporte não apenas promovia o deslocamento de tais espíritos entre faixas vibracionais distintas, mas por meio de mecanismos impossíveis de serem descritos nos termos da ciência terrestre até então conhecida.

Os perispíritos ainda relativamente densos de Regina e Elias eram suavizados em tais deslocamentos, a fim de que ambos pudessem ingressar naquela esfera superior.

Enquanto desfrutavam de momentos de grande relaxamento, cujo tempo de deslocamento não era possível precisar, os dois visitantes eram aguardados por outro dileto tarefeiro no setor espiritual mais elevado da Raio de Luz.

Quando finalmente chegaram, os conectores dos visitantes foram automaticamente retirados, e a porta do transporte deu acesso à belíssima imagem de um imensurável jardim. O ambiente de grandes construções à moda terrestre, plasmadas na sede da colônia, dera lugar a um ambiente de extrema modernidade e, apesar de parecer uma contradição, de grande bucolismo. Tratava-se de uma vasta planície pontilhada de belíssimos jardins, cujas espécies arbóreas os visitantes nem sequer suspeitavam da existência e lá estavam distribuídas por todos os lugares.

Todas as construções que despontavam no local tinham uma aparência moderna e luminosa. O material utilizado lembrava o utilizado na construção do meio de transporte que os levara até lá, todavia, era ainda mais bonito e radioso.

A própria percepção de si mesmos mudara radicalmente, uma vez que, naquele plano, os dois não divisavam mais a forma do perispírito como reprodução exata do corpo físico alhures habitado. A maneira como percebiam a consciência de que eram uma individualidade espiritual era totalmente distinta.

Deslocavam-se, conversavam e dialogavam apenas pela mera transmissão de intenções pela via do pensamento, de maneira profundamente mais sutil do que a praticada na faixa vibratória onde se situava a sede da Raio de Luz. Efetivamente, era outro nível.

Todavia, após despertarem e desembarcarem do transporte, Elias mencionou:

— Regina, as notícias não são boas. Vamos depressa para o setor — alertou Elias.

E, com a sensação de que não passara um átimo de segundo, Regina já se viu em ambiente totalmente diverso.

O recinto era organizado de maneira extremamente sóbria, porém, delicada. Por todos os lados viam-se pequenas divisórias dispostas como cabines, mesas aparelhadas com diversos instrumentos e telas translúcidas que pairavam acima dos demais objetos distribuídos sobre a mesa, na qual se debruçavam numerosos e concentrados tarefeiros, cada qual ocupando sua respectiva cabine.

Dirigindo-se ao trabalhador responsável, Elias mencionou:

— Gomes, aqui está Regina. Fui designado para conduzir esta irmã até você.

— Saudações, minha cara. Sou o humilde servidor responsável pelo acompanhamento dos últimos eventos pertinentes ao senhor Orestes Monferrato.

— Deus o abençoe pelos gratos préstimos ao infeliz irmão a quem desposei em minha última incursão na vida terrestre. Vejo que a situação dele se agravou. A quantas anda? — perguntou Regina, demonstrando profundo desânimo na entonação das palavras.

O tarefeiro Gomes foi direto:

— Irmã, em razão do abuso do álcool e da própria saúde temerariamente deteriorada, o senhor Orestes antecipou o perecimento do corpo físico. Também é verdade que o concurso abusivo de dois espíritos desencarnados, que desencadearam nele um grave processo obsessivo, concorreram para o evento em razão da emanação de diversos fluidos deletérios, da mais baixa vibração, no perispírito do cruel algoz.

Visivelmente entristecida, Regina ajuntou:

— Tenho acompanhado de perto a atuação desses dois irmãos abortados, Antero e Leônidas. Eles foram assassinados a mando do próprio avô. A vingança que eles engendraram está em curso. Não há muito o que fazer neste momento, além das preces que venho direcionando em favor dos três.

— Duas grossas lágrimas rolaram no rosto de Regina.

— Temos consciência de seus esforços e do mérito que granjeou nos serviços prestados na Raio de Luz, por isso, nós a chamamos aqui para informá-la não apenas que o senhor Orestes desencarnou, mas que, infelizmente, em razão da precocidade do seu desencarne, ele ainda se encontra jungido ao corpo físico e assim permanecerá até que seja completado, efetivamente, o processo de desvinculação.

Espíritos que concorrem para o próprio desencarne, seja por conta da conduta negligente em relação à própria saúde, seja em razão de vícios graves, são equiparados aos suicidas e, como tais, em razão da ausência de esgotamento do fluido vital, ainda que o corpo pereça, continuam vinculados à veste física até que tal fluido seja plenamente exaurido e o perispírito possa se desprender completamente do invólucro terreno. Trata-se de um momento extremamente grave e doloroso para esse irmão, cujo sofrimento está sendo majorado pela presença dos dois irmãos abortados, que se encontram ao lado dele.

Gomes fez uma pequena pausa na explanação dos fatos, enquanto aguardava Regina se recompor. Por fim, prosseguiu:

— A situação é delicada. E, se não bastasse isso, também é verdade que os dois desencarnados planejam, sob a orientação e assistência perversa da Irmãos de Caim, prolongar o período de permanência de Orestes jungido ao corpo físico para causar-lhe o máximo de sofrimento possível. Tais informações nos foram prestadas diretamente por nossos trabalhadores que estão no umbral.

— Misericórdia! A que ponto chegaram?! — aflita, Regina disse em lágrimas.

— Contudo, nosso setor, em razão de planejamento futuro para o senhor Orestes, não permitirá que tal sofrimento seja prolongado demasiadamente. Para isso, nós solicitamos sua intercessão nos fatos, a fim de que o processo de desenlace de Orestes não perdure mais que o necessário.

— Farei tudo o que estiver ao meu alcance por meu desventurado companheiro de lutas terrestres — afirmou Regina.

Gomes, então, pôs-se a explicar as providências que deveriam ser tomadas por Regina, afinal, a ingrata missão não seria fácil.

# CAPÍTULO 11

Sem precisar exatamente a passagem do tempo, Amparo sentiu suas mãos enrugadas e pálidas serem completamente tomadas por um fétido lodo negro. Imersa em lama profunda, com o corpo inteiro tomado por aquela substância viscosa, Amparo não tinha forças para erguer-se em meio à escuridão densa e assustadora que tomava conta do ambiente.

A mulher quis gritar, mas apenas regurgitava aos borbotões uma substância pútrida que lembrava sangue apodrecido. A pobre infeliz começou a rastejar no umbral, coberta de lodo e sofrendo uma hemorragia contínua, tal qual aquela resultante do câncer que lhe custara a vida terrena. O cansaço não permitia que ela se erguesse do solo imundo na escuridão, contudo, sua audição parecia-lhe estranhamente aguçada.

Ao redor de si e de forma ininterrupta, diversas vozes infantis gritavam em desespero:

— Mãezinha, pelo amor de Deus, não me mate!
— Misericórdia! Eu quero viver! Eu preciso viver!
— Socorro! Não me dilacere!

Repetidamente, tais vozes a acompanhavam. Para onde quer que rastejasse, a infeliz estava cercada dessas lamúrias. Os infelizes fetos abortados choravam e gritavam em desespero, sem que ela tivesse um minuto de paz.

Num determinado momento, no charco repugnante em que se encontrava, fez-se luz. Um clarão enorme e rubro acendeu-se diante de Amparo, e tudo se iluminou sombriamente ao seu redor, então, uma figura de tamanho descomunal manifestou-se perante a malfadada criminosa. Com o capuz descoberto e a carantonha demoníaca, a entidade trevosa foi saldar Amparo em sua nova realidade tenebrosa:

— Há muito, você vem sendo aguardada nestas paragens, assassina infame! — disse Azaziel triunfante.

Amparo não teve forças para responder à provocação, pois se via impossibilitada de falar, todavia, olhou com penosa expressão de assombro a figura demoníaca postada à sua frente.

— Como se sente, sem nem poder gritar por socorro? Pois saiba que era assim que se sentiam os pequenos e inúmeros seres indefesos dos quais você ceifou a vida. Olho por olho, dente por dente! — completou, rindo triunfante, aquele que se acreditava a autoridade suprema daquelas paragens sombrias.

Amparo dirigiu-lhe um olhar de extrema perturbação e incredulidade. Não bastassem a presença demoníaca de Azaziel e a perseguição das vozes que ela ouvia continuamente, outro detalhe se revelou a Amparo: inúmeras diminutas imagens, tal qual corpinhos estraçalhados, povoavam o ambiente ao seu redor e delas partiam as lamúrias incessantes.

Ao redor de Amparo, diversos espíritos abortados por ela completavam o cenário de terror no mais alto grau que se poderia imaginar. Todos lá estavam para atormentá-la da pior e mais cruel maneira possível. Sem perder tempo, Azaziel ordenou:

— Guardas, tragam-na até a sede da Irmão de Caim. Precisamos começar o julgamento já!

Rapidamente, surgiram no ambiente dois grandes desencarnados que apresentavam tenebrosas modificações em seus perispíritos: ambos os serviçais ostentavam uma aparência musculosa, porém, suas faces apresentavam características de ovinos tal como o próprio Azaziel. Tratava-se de uma cena dantesca.

Os dois desencarnados posicionaram-se ao lado de Amparo, seguram-na e levaram-na, arrastando a criminosa por um longo caminho lodoso até a sede da entidade umbralina.

Enquanto Azaziel e os demais pequeninos fetos destroçados se deslocavam volitando, os guardas receberam uma ordem expressa do líder umbralino para que a prisioneira fosse arrastada pelo território lodoso até a entidade. E, assim, os guardas demoníacos conduziram-na, vagarosamente, durante todo o trajeto.

A jornada tenebrosa de Amparo no umbral em poder de seus algozes estava apenas começando, e, em pouco tempo, se daria o esperado espetáculo de julgamento à moda circense.

\*\*\*

Após o trágico desencarne, Antero e Leônidas vagaram sem rumo por um curto tempo na cidade umbralina conhecida por Soledade, para onde foram atraídos em razão do baixíssimo padrão vibratório que apresentavam.

Todavia, o desejo de vingança, a dor profunda ocasionada pela conduta impiedosa de Orestes Monferrato e Amparo moviam os dois irmãos celeremente em direção ao nefasto objetivo que ruminavam: realizar a mais cruel vingança em desfavor do avô que lhes negou a oportunidade de reencarnar.

Assim, tendo sido levados pela irresistível força da atração até aquela localidade sombria, os dois irmãos passaram a perambular, ligeiramente atordoados, por aquelas obscuras e desconhecidas paragens.

Em volta de si, nada diferenciava Soledade das grandes metrópoles terrestres. O ambiente apresentava ares extremamente sombrios. Por todos os lados, viam-se espíritos em clara situação de perturbação e muitos apresentavam sérias deformidades perispirituais. Prostitutas ofereciam-se em troca de favores escusos. E haviam aqueles que garantiam "serviços" para interferir das mais variadas formas na existência de encarnados e desencarnados. Esses prometiam mundos e fundos, dizendo que tinham "colaboradores" no plano terrestre.

Bares escusos e lojas de apetrechos para as mais variadas finalidades tomavam todas as quadras. Tudo era objeto de negociação e deveria ser pago por meio de favores. Nada era de graça ou inofensivo naquele ambiente sombrio. O ambiente emanava a mais vil degradação moral.

Em certo momento, durante a caminhada, o sentimento de desorientação cedeu lugar à curiosidade. Os irmãos abortados passaram a interessar-se pelo ambiente e a analisar mais detidamente a atmosfera ao redor.

Após dilatado o período de exploração, os dois irmãos foram abordados por uma figura sombria que estava recostada em uma esquina erma:

— Irmãos, vejo que desencarnaram recentemente.

Surpreendido, Antero tomou a frente e respondeu:

— Sim, é verdade. Fomos cruelmente assassinados e estamos em busca de vingança.

— *Bravi,* meu caro! Suas palavras soam como música para meus ouvidos. Qual é sua graça?

— Chamo-me Antero, e este ao meu lado é meu irmão Leônidas.

Sem dizer uma palavra, Leônidas apenas meneou a cabeça e cumprimentou o estranho.

— Ânimo, meus prezados! Se o que buscam é vingança, eu tenho a solução mais completa e eficaz para levar a termo o objetivo que pleiteiam.

— Como? — perguntou Antero, desconfiado.

— Chamo-me Anacleto e sou um dileto recrutador a serviço da Irmãos de Caim. Minha função é oferecer exatamente o que vocês precisam: vingança cruel, eficaz e irreversível.

— E o que teremos que dar em troca? — perguntou Antero, cuja curiosidade foi despertada pelo discurso sedutor e falacioso de Anacleto.

— Apenas, e tão somente, sua lealdade.

Leônidas, que se mantivera calado durante todo o diálogo, manifestou-se reservadamente ao irmão:

— Antero, não acha que somos capazes de dar conta disso sozinhos? Não considera arriscado demais oferecermos nossa lealdade a uma organização que nem sequer conhecemos a fundo?

Antes que Antero retrucasse, Anacleto, percebendo o teor da conversa travada entre os irmãos, sugeriu:

— Sei que é muito delicado aceitar a ajuda de um estranho, sem saber exatamente o que receberão em troca e se a oferta corresponde à realidade dos fatos, então, proponho que me acompanhem até a sede da entidade para que vejam com os próprios olhos.

Os dois irmãos trocaram olhares significativos entre si, e a resposta partiu de Leônidas:

— Antes de mais nada, queremos ver *in loco* e depois tomaremos uma decisão a respeito de sua oferta.

— Ótimo! Por favor, me acompanhem por aqui. — E, indicando uma ruela escura, os três partiram rumo à sede da entidade umbralina mais temida naquelas paragens sombrias: a milenar Irmãos de Caim.

*** 

Todos os dias de labor prestimoso junto aos irmãos tarefeiros da Raio de Luz enchiam o coração de Luana de esperança no futuro. Muito embora ostentasse, indubitavelmente, um semblante de resignada conformação com a realidade dos fatos, a caprichosa jovem de outrora dera lugar a uma disposição de espírito totalmente diversa: definitivamente, já não era mais a mesma.

Luana entregara-se — como nunca imaginara ser possível — ao labor em favor do próximo e, com grande carinho, apegara-se ao pequeno Marquinhos, como se os cuidados que dispensava ao garotinho na erraticidade fossem um grande presente que recebera da Providência para amenizar a dor do desencarne precoce e violento que experimentara, bem como a tristeza profunda de ter sido obstada de exercer a maternidade.

Todos esses fatos pesavam sobremaneira no íntimo de Luana, ainda que o labor fosse para a moça grande refúgio diante das turbulências que vinha bravamente experimentando.

Apesar de procurar empregar seu tempo da melhor e mais laboriosa maneira possível, a saudade e o desejo de obter notícias do amado Virgílio e de seus dois filhos abortados angustiavam-na profundamente.

Diversas vezes, Luana procurou Regina para obter notícias de Virgílio e do destino das "crianças" que haviam desencarnado junto com ela. A mulher, contudo, procurou esquivar-se de fornecer tais informações, temendo que a filha recém-desencarnada pudesse tomar alguma atitude tresloucada.

Em dada ocasião, Luana, lembrando-se de frei Serafim, com quem travara conhecimento na colônia por intermédio de Regina, aproveitou a ocasião em que o gentil religioso se encontrava na sede da Raio de Luz e ousou procurá-lo para obter orientações a respeito das dores íntimas que vinha guardando, bem como da necessidade de visitar Virgílio no plano terrestre. A moça sentia um grande desejo de revê-lo, afinal, não deixara de amá-lo; apenas se conformara, na medida do possível, com sua atual condição de desencarnada.

Aproveitando que frei Serafim fazia uma de suas visitas regulares à Raio de Luz e sabendo que o religioso tinha como refúgio uma morada bucólica em um recanto singular da colônia, Luana dirigiu-se até o religioso para interpelá-lo.

Todos sabiam que, em razão dos serviços prestados na seara do bem, era possível granjear melhores condições de morada na Raio de Luz por merecimento, e, tendo em vista os valiosos serviços prestados pelo frei, ele habitava uma pequena e austera, porém belíssima, residência em um recanto propício à reflexão e ao refúgio — muito embora não fosse essa a postura do referido frei, dada sua ativa rotina de labor.

Sem pressa, Luana praticamente atravessou de ponta a ponta a referida colônia até chegar ao pequeno recanto isolado, onde se situavam diminutas, porém confortáveis, moradas de diversos espíritos que optaram, mesmo na erraticidade, por manter a conduta e os hábitos católicos.

Lá, à semelhança de pequenas choupanas, habitavam diversos irmãos franciscanos, que, muito embora já conhecessem a realidade espiritual e a multiplicidade de existências, ainda se reconheciam com os hábitos simples e austeros daquela ordem católica.

Muito semelhante a um pequeno condomínio residencial terrestre — ainda que as construções diminutas lembrassem simples choupanas, porém, dotadas de conforto e rara beleza —, lá se encontravam instalados diversos confrades católicos, que ostentavam uma vida extremamente singela.

Após solicitar informações mais exatas a respeito da localização da choupana habitada por frei Serafim, Luana, sem demora, bateu à porta suavemente, e, como se já estivesse à espera da visitante, o religioso recebeu a jovem com um largo e acolhedor sorriso:

— Como vai, minha cara irmã? Deus a abençoe! Por favor, entre!

A choupana, que contava apenas com um cômodo contínuo, era parcamente mobiliada. Em seu interior, apenas uma cama, uma grande estante de livros abarrotada de volumes à fiel semelhança da Terra, uma poltrona confortável, um guarda-roupa e uma mesa com duas cadeiras. Nada além.

Apontando a poltrona, frei Serafim convidou a visitante a sentar-se.

Luana agradeceu e disse:

— Meu caro frei, o que me trouxe à sua encantadora morada é a necessidade de saber como agir diante de meus dilemas íntimos. Sofro e não vejo saída para minhas angústias.

Ao ouvir as palavras de Luana, frei Serafim aproximou a cadeira onde estava sentado da jovem à sua frente e disse:

— Prossiga, minha cara filha. Farei o que estiver ao meu alcance para lhe dar a melhor orientação.

— Irmão, como é de seu conhecimento, sabe que meu desencarne se deu em circunstâncias profundamente dramáticas. Desencarnei precocemente em razão de um aborto, de um procedimento criminoso, ao qual fui submetida por imposição de meu próprio genitor. Eu estava prestes a fugir com o pai dos meus filhos, o homem da minha vida, quando fui assassinada. Na ocasião, meus filhos também desencarnaram precocemente. Tudo foi muito cruel e doloroso, e a memória dos meus instantes finais ainda continua muito viva em meus pensamentos. — Contendo o impulso quase irresistível de chorar, a desafortunada jovem deu continuidade à narrativa: — Tenho procurado dedicar-me o máximo possível às atividades que me são designadas e trabalhado arduamente em minha reforma íntima. Tenho procurado perdoar, de todo o meu coração, os irmãos que me prejudicaram tão dolorosamente. Tenho feito, por assim dizer, meu dever de casa, mas preciso de notícias. Preciso saber como está Virgílio e saber o paradeiro de meus filhos. Nada disso me foi revelado até esse momento e não tive autorização para visitar meus entes queridos. Tenho até mesmo a necessidade de saber como está meu cruel pai, a quem atribuo meus infortúnios, pois ainda o amo. Irmão, vim pedir sua orientação. Socorra-me! — num impulso, Luana segurou as mãos de frei Serafim e beijou-as, num significativo gesto de desespero.

Tocado pelas palavras sinceras de Luana, que soluçava entre lágrimas diante do religioso, frei Serafim ajuntou:

— Minha cara, não sou capaz de trazer-lhe sozinho a solução que está buscando, uma vez que, se lhe foi obstada a visita a seus entes queridos, é porque certamente a Providência tem fortes razões para não tê-la facilitado até o momento. Posso, contudo, interceder por você e por Regina, sua amantíssima mãe, que também goza de grande consideração aqui na colônia. É possível que, com a devida preparação, possamos satisfazer seu sincero desejo de rever os seus, todavia, você sabe que os acontecimentos ainda são recentes e que corre o grave risco de sofrer sérios desequilíbrios em sua estabilidade ao ter conhecimento dos fatos que se desenvolvem neste momento entre os seus, que ainda estão no plano terrestre, descarnados ou não. Quer assumir esse risco?

— Frei, entre a dor de não rever os meus e o risco de me desestabilizar, não posso pensar duas vezes! Me ajude! Faço o que for preciso para ver, ainda que uma vez, aqueles a quem tanto amo.

Compadecido com a dor da jovem, frei Serafim respondeu:

— Conte comigo, minha cara Luana. Farei o que estiver ao meu alcance. Deus proverá! — e finalizou a conversa abraçando a visitante emocionada, sem saber que a espiritualidade já estava concorrendo para o ansiado encontro.

# CAPÍTULO 12

O circo grotesco estava montado. Uma plateia numerosa e sombria acomodava-se na arquibancada.

Os espectadores presentes apresentavam, em sua maioria, diversas deformidades perispirituais. Dezenas de fetos abortados amontoavam-se, aguardando ansiosamente aquela que executara suas sentenças de morte. Fileiras de jovens de todas as idades, que também haviam desencarnado durante os abortos, encontravam-se lá, devidamente obsidiadas por aqueles a quem deveriam ter exercido o papel de mãe. Todas, sem exceção, apresentavam uma penosa condição: umas estavam acorrentadas aos fetos, outras tinham o perispírito completamente deformado, e outras, ainda, exibiam uma terrível condição ovoide.

Por todos os lados, viam-se irmãos destroçados e com carantonhas horrendas, que pululavam impropérios dos mais vis em desfavor da aborteira que seria julgada em poucos instantes.

O ambiente era extremamente denso. Uma névoa cinzenta impregnava o enorme recinto e pairava sobre todos os presentes. Somente espíritos da mais baixa condição vibratória poderiam suportar, sem qualquer dificuldade, as emanações deletérias daquele antro umbralino. A expectativa acirrava o ânimo dos presentes. Tratava-se de uma genuína assembleia de vingadores que desejavam presenciar a derrocada de um inimigo em comum: a desditosa Amparo.

Repentinamente, fez-se um pesado e temeroso silêncio. Como num passe de mágica burlesca, Azaziel materializou-se no centro do tribunal, e todos os desencarnados presentes calaram-se em sinal de respeito à figura que funcionava, em tais ocasiões, como juiz maior dos erros alheios.

— Caros confrades, que o ódio sempre nos una e nossa justiça seja feita! — o vingador saudou a plateia com o cumprimento habitual.

— Salve, Irmãos de Caim! Salve, Irmãos de Caim! Salve, Irmãos de Caim! — repetia, em coro, a arquibancada delirante.

— Basta! — ordenou Azaziel e prosseguiu: — Soldados, tragam a infame prisioneira!

Sem mais delongas, os desencarnados monstruosos arrastaram a prisioneira por um largo caminho no umbral até a sede da Irmãos de Caim e atiraram-na como um trapo imundo, coberta de lodo, no centro do palco. Em uníssono, gritaram:

— Mestre, aqui está sua prisioneira!

Amparo, em claro estado de desequilíbrio e alienação, não compreendia com exatidão os fatos que se desenrolavam diante de si.

Assim que foi atirada no solo, a mulher vislumbrou a horrenda figura de Azaziel e rastejou até os pés do algoz. Diante dele, implorou misericórdia:

— Estou aqui diante do senhor, mestre da escuridão! Rogo-lhe sua compaixão! Deixe-me ir por entre as sombras dessas paragens rastejar minha infâmia! Liberte-me, por misericórdia! — gritou a infeliz, reunindo os últimos resquícios de força que lhe restavam, enquanto beijava os pés horrendos de seu algoz.

— Compaixão?! Misericórdia?! Sabe o que está me rogando, criatura imunda!? Por acaso, você deu tais dádivas a qualquer um dos que aqui foram assassinados por sua impiedade e ganância sem limites?! Jamais a libertarei! — E, ao dizer tais palavras, Azaziel empurrou a prisioneira medonha para longe de si.

Enquanto se desenrolavam tais fatos, a plateia gritava ensandecida:

— Vingança! Vingança!

Em mais um gesto teatral voltado para cativar a arquibancada, o juiz vingador tirou de dentro de uma longa capa negra com a qual estava vestido um extenso rolo de pergaminho, no qual constava cada um dos crimes cometidos por Amparo em sua última existência terrena. E, após desenrolar o documento com ares medievais, iniciou a sessão de julgamento:

— Irmãos, em minhas mãos consta o extenso registro de crimes praticados pela ré, e é preciso que sejam lidos um a um para que a pena a ser aplicada seja a mais justa e adequada possível. Iniciemos, então, a leitura do relatório delituoso — disse isso e, como se quisesse aumentar o clima de tensão e suspense entre os presentes, prosseguiu: — Maria do Amparo Oliveira, nascida em uma família humilde, porém, honesta, recusou a oportunidade de viver dignamente por meio do trabalho honrado do qual se desincumbiu voluntariamente, saiu da casa materna e foi viver em um ambiente promíscuo de prostituição aos 17 anos. Todavia, como não se adequou à indigna atividade, aprendeu o ofício de matar seres humanos em tal ambiente, passando, assim, a realizar essa modalidade de serviço para outras prostitutas. Ao longo do tempo, granjeou fama e poder aquisitivo a ponto de construir para si um expressivo patrimônio lastreado na dor e no sofrimento de inúmeros desencarnados obstados por ela de retornar à vida terrena. Ao longo de sessenta e três anos de vida terrestre, assassinou no nascedouro, com requintes de crueldade, dezenas de vidas humanas.

Enquanto Azaziel se preparava para prosseguir a leitura, Amparo permaneceu praticamente imóvel no centro do palco, cabisbaixa, ouvindo calada, ajoelhada e trêmula o relatório de sua extensa vida de crimes.

— Irmão Josué, que reencarnaria no ano de 1884, foi assassinado por meio de medicamentos abortivos preparados por Amparo, a pedido de Luzia, prostituta e mulher que o daria à luz. Foi o primeiro feto abortado pelas mãos da criminosa!

Nesse instante, um grande telão materializou-se diante dos presentes e de Amparo, e as cenas dos crimes começaram a ser reproduzidas para todos no recinto.

— Irmã Salustiana, que reencarnaria no mesmo ano de 1884, foi também abortada por meio de um preparo venenoso feito pela criminosa, igualmente a pedido da genitora, Josefa, uma prostituta — prosseguiu Azaziel, enquanto as cenas se desenrolavam no telão diante dos presentes.

Dezenas de abortos foram relatados naquele momento de extrema tortura mental para a criminosa. Diversas vítimas estavam presentes no recinto, acompanhando o julgamento indigno, todavia, muitas não participaram de tal procedimento, pois se encontravam em processo reencarnatório ou já haviam perdoado a criminosa.

Azaziel regozijava-se intimamente com o sucesso da empreitada. Enquanto relatava os crimes de Amparo, mal disfarçava a extrema satisfação íntima com a qual conduzia a terrível sessão de julgamento. Todos os funestos atos que praticava em desfavor dos "réus", que eram levados para seu duro escrutínio, tal como a própria Amparo, enchiam-no de prazer pelo exercício do poder arbitrário, sem limites — reprodução, fiel, porém extremada, da maneira como exercia o controle do mosteiro que conduzira em sua recuada existência como frei Vitoriano.

A extensa lista de crimes cometidos por Amparo continuava a ser lida por Azaziel, que não tinha pressa em levar a termo a sessão monstruosa de tortura, para satisfação da plateia alucinada por desforra.

\*\*\*

Percebendo a ácida ironia do invasor, Orestes nada podia fazer no extremo momento de confusão e fragilidade em que se encontrava. Cativo no corpo do qual havia pouco desencarnara, ele ainda estava desorientado.

— Avô? E eu lá sou avô de bandidos?! Me respeite! Você sabe com quem está falando? Eu sou Orestes Monferrato! — tomado pela soberba, o ex-magnata desencarnado respondeu à provocação.

Antero ria desbragadamente.

Nesse momento, um emissário da Irmãos de Caim adentrou o ambiente para auxiliar a revanche em curso em desfavor de Orestes.

Justiniano fora enviado especialmente para tal finalidade e, reportando-se aos outros dois obsessores, disse:

— Salve, Irmãos de Caim! Fui enviado para cá pela Organização para auxiliá-los na prestação de contas prometida em troca da filiação de vocês. Sou conhecido como Justiniano, o Emissário, todavia, meus confrades me conhecem apenas pela alcunha de "O Emissário".

Orestes assistia atônito ao diálogo entabulado entre os presentes.

— Enquanto vocês atuavam junto ao criminoso, toda a movimentação estava sendo acompanhada na sede pelo setor responsável. Tivemos a informação de que o degenerado — e apontou para Orestes — conta com grande simpatia de espíritos que lhe devotavam expressiva afeição enquanto estiveram encarnados. É preciso acelerar a execução do plano, antes que ele vá por água abaixo — e pronunciou tais palavras quase sussurrando para não ser ouvido pelo infeliz subjugado.

O Emissário, então, dirigiu-se diretamente para Orestes e disse em alto e bom som:

— Quer dizer que o senhor não se recorda desses irmãos? — referindo-se a Antero e Leônidas perguntou e prosseguiu: — Vou refrescar sua memória! — E, sem esperar que o infeliz respondesse, impôs as mãos próximas à fronte do desencarnado, lembrando vagamente o gesto conhecido como o passe espírita. Manipulando os centros de força pertinentes — que se tratam de receptores e distribuidores de energia cósmica conhecidos como "chacras" —, o Emissário projetou diante do infeliz perseguido uma tela mental na qual reproduziu, nos mínimos detalhes e de forma cruelmente minuciosa, o terrível desencarne de Luana bem como o aborto de Antero e Leônidas.

Orestes, então, presenciou toda a crueza do crime cometido contra a própria filha e os netos, que não chegaram a reencarnar por sua exclusiva culpa.

Nas imagens projetadas pelo Emissário, muito embora tenha permanecido fora do recinto onde o aborto ocorreu, Orestes, como se tivesse sido transportado para o exato momento em que tais fatos se deram, presenciou todo o sofrimento envolvido no terrível ato que provocara.

Durante a transmissão dos eventos, Orestes presenciou o desencarne de Antero e Leônidas, o momento do desenlace corpóreo dos netos e a assunção da aparência que ostentavam da existência imediatamente anterior.

Por meio do procedimento perpetrado pelo Emissário da Irmãos de Caim, Orestes presenciou, estarrecido, o último suspiro estertor da filha e, quando não suportou mais as cenas de horror, gritou:

— Meus Deus! Pare com essa desgraça! Eu sou um verdadeiro monstro! Agora eu sei quem vocês são! Mãe de Deus! Vocês são os netos que assassinei covardemente!

Quando Orestes gritou essas últimas palavras de desespero, o Emissário, em novos movimentos de manipulação perispiritual, tratou de fixar tais imagens na psique do infeliz para que ele visualizasse continuamente os eventos do crime que cometera contra Luana e os espíritos que seriam seus netos e que, naquele momento, se encontravam na condição de cruéis perseguidores.

Concluído o grave procedimento de natureza obsessiva, o Emissário, reportando-se aos irmãos obsessores, disse:

— Espero que minha colaboração tenha favorecido a justiça que vocês estão buscando. Por hoje, preciso me retirar, contudo, estou à disposição. Esse infeliz aí não terá mais um único minuto de sossego.

Sequiosos de vingança, os desencarnados agradeceram a colaboração, e, em seguida, o Emissário retirou-se do ambiente.

Impressionado com a técnica empregada por Justiniano, Leônidas ajuntou:

— Veja só, Antero! O infeliz do Orestes está com ar completamente catatônico! — disse, enquanto mirava o desencarnado ainda preso ao corpo físico em triste estágio de decomposição e imobilizado pela extrema tortura mental a que estava sendo cruelmente submetido.

***

Tocado pela rogatória de Luana, frei Serafim, após o longo e afetuoso colóquio entabulado entre eles, precisou tomar sérias providências em favor daquele espírito tão marcado pelo sofrimento.

Apesar da tristeza das circunstâncias que levaram Luana a procurá-lo, a verdade é que o frei se sentira sensivelmente admirado pelo desprendimento daquela jovem torturada pelo graves erros cometidos pelo próprio pai.

Longas horas os dois passaram conversando sobre a vida pós-desencarne, e, quando a visitante se despediu do frei Serafim, ele rapidamente se pôs a meditar sobre o que poderia fazer por ela.

Após breves instantes de reflexão, frei Serafim saiu da choupana em busca de Regina para que, juntos, pudessem deliberar o que melhor poderiam fazer pela jovem, naquelas circunstâncias trágicas em que estavam envolvidos seus entes queridos e ela mesma.

Àquela altura, frei Serafim logrou encontrar a amiga em seus aposentos. Regina acabara de retornar de instâncias superiores.

Tal como ele, Regina também conquistara uma modesta moradia, que se situava dentro de um prédio de natureza escolar, na Raio de Luz.

Frei Serafim bateu levemente à porta, e quase imediatamente Regina abriu, convidando o velho amigo a conversar.

Já instalado em uma poltrona confortável, frei Serafim pôs-se a comentar o encontro anterior com Luana:

— Regina, sua pobre filha foi me procurar, rogando-me auxílio para ter o direito de obter notícias de Virgílio, os filhos abortados e Orestes. Ela quer visitá-los a todo custo. Nesse momento, cabe a você a decisão de revelar-lhe a gravidade dos fatos. Não devemos mantê-la por mais tempo na penumbra em que se encontra. A situação é muito aflitiva para ela.

— Tenho plena consciência disso, meu caro amigo. Com o intuito de protegê-la, achei que poderia mantê-la alheia aos acontecimentos, todavia, muito além da situação de profunda angústia em que ela se encontra, o rumo dos fatos demanda que ela mesma intervenha — revelou Regina, com ar de extrema preocupação, obscurecendo a beleza da fronte.

— Como assim, minha cara irmã?

— Hoje, fui convidada para visitar uma instância superior vinculada à Raio de Luz e me foi mostrada a situação calamitosa de Orestes, meu companheiro de expiações. O caso é muito mais grave do que imaginávamos, frei — e, buscando coragem para prosseguir, ajuntou: — Orestes desencarnou e, neste momento, ele está jungido ao corpo físico em franco processo de decomposição. Os dois irmãos abortados encontram-se ao lado dele, desencadeando um complexo quadro obsessivo permeado pela tortura mental. Precisamos obstar esse processo doloroso para que nosso irmão cumpra o planejamento que já sendo feito para começar a expiar as graves faltas que cometeu contra a filha e os netos, que, lamentavelmente, são seus cruéis obsessores.

— Como poderemos atuar hoje em favor de alguém que ainda não despertou para a realidade espiritual, por meio do mais sincero arrependimento? Acho que qualquer intervenção neste momento seria inútil — ponderou o frei.

— Sei que ele ainda não está pronto para despertar, mas o fará em breve, se pudermos contar com a intercessão de minha querida Luana.

— Como assim? Luana?! — questionou, surpreso, frei Serafim.

— Orestes está vivenciando uma terrível cristalização mental, desencadeada pelos cruéis obsessores abortados, que se mantêm motivados pela vingança que pretendem levar às últimas consequências. Muito embora ele ainda não tenha despertado para a necessidade de reforma íntima, antes mesmo de desencarnar, a culpa profunda pelo crime que cometeu já estava batendo às portas do coração de Orestes. E, aproveitando-se da situação desesperadora em que ele se encontra, os obsessores, auxiliados pela Irmãos de Caim, fixaram na psique desequilibrada dele pensamentos repetitivos que reproduzem, ininterruptamente e com os mais terríveis detalhes, o momento do desencarne de Luana e dos netos. Neste momento, a situação é deveras complexa — lamentou Regina.

— Se entendi bem, você pretende fazer com que a própria Luana resgate o pai dessa situação extremamente dolorosa. É isso? Acha que ela está preparada? — obtemperou, perplexo, frei Serafim.

— Eu gostaria de poder poupá-la, mas o plano partiu da Espiritualidade Maior, que tem interesse em obstar a onda alucinada de vingança que se abateu sobre ele. É preciso reparar o mal cometido o mais rápido possível — esclareceu Regina.

— Então, precisamos participar a complexidade desses fatos para Luana, sem perda de tempo! — alertou Frei Serafim, e, determinados, os dois saíram em busca de Luana a fim de que ela participasse do resgate do pai malfeitor.

# CAPÍTULO 13

Logo de início, a visão majestosa da sede da Irmãos de Caim impressionara vivamente os dois irmãos obsessores. Tudo ao redor era majestoso e chamativo, a começar pela arquitetura de estilo gótico do enorme castelo, que servia de base principal da organização umbralina situada em Soledade.

A suntuosa construção era completamente murada e cercada de jardins sombrios e pouco convidativos à contemplação de quem quer que se atrevesse a aproximar-se. Arbustos hostis tomados de espinhos dividiam espaço com diversas espécies de plantas jamais vistas nas paragens terrenas. Árvores retorcidas povoadas de corujas e toda sorte de seres diversos e de aparências pitorescas infestavam aqueles arredores sombrios.

Muros contíguos aos jardins cercavam a propriedade, e, assim que Anacleto se aproximou do portão, este se abriu imediatamente a um simples gesto de mão, que acionou com rapidez um complexo mecanismo oculto, que, de pronto, permitiu a entrada de todos. Não havia passagem ou ruela até a entrada do castelo, que os visitantes já divisavam ao longe: à medida que os três caminhavam, o jardim sombrio abria passagem, permitindo que a suntuosa construção gótica fosse acessada. Após longos minutos de caminhada, Leônidas e Antero, em posição de temeroso silêncio, alcançaram a entrada principal da majestosa sede.

A arquitetura gótica, envelhecida e com aspecto milenar, impunha respeito. Olhando para cima antes de adentrarem o *hall,* os dois visitantes contemplaram as altas torres ornadas de esculturas horrendas, com suas assustadoras carrancas, que compunham o quadro terrível da fachada externa da construção.

A um novo gesto de mãos de Anacleto, os grossos portões de entrada do castelo se abriram e revelaram uma realidade contraditória aos irmãos obsessores: requinte, luxo e extravagância definiam o interior da Irmãos de Caim.

— Meus caros, não receiem: entrem e aproveitem o ambiente. Vou lhes mostrar tudo o que for possível — disse Anacleto com um leve sorriso nos lábios, convidando os já deslumbrados visitantes a conhecerem melhor o ambiente.

O vaivém de pessoas no interior do movimentado castelo impressionou a ambos. Todos os presentes se tratavam, segundo o Anacleto, de filiados, servos ou visitantes na mesma condição de Leônidas e Antero.

O ambiente era de extremo requinte, ornado com belíssimas tapeçarias persas, e o carmim era o tom predominante no local. Diversos objetos luxuosos e artefatos aparentemente antiquíssimos compunham a decoração do espaço.

Os três caminhavam lentamente pelo saguão, onde acontecia uma movimentada reunião com fins de entretenimento. Mulheres belíssimas, trajando vestidos luxuosos e galantes, circulavam pelo recinto. A música ambiente era executada por um elegante quinteto de cordas.

Após alguns minutos contemplando aquele excesso de luxo exuberante, certo constrangimento acometeu os visitantes. Antero mencionou:

— Leônidas, não estamos vestidos a caráter. Não convém que permaneçamos no ambiente.

Em resposta, o irmão apenas meneou a cabeça concordando. Anacleto, então, esclareceu:

— Não se incomodem. Tais reuniões acontecem aqui repetidamente, sem cessar. A maioria dos presentes são servos compulsórios, por assim dizer, da Irmãos de Caim e estão aqui exclusivamente para entreter os visitantes e convidados, pouco se importando com os trajes de quem atravessa o portão.

Depois de atravessarem o suntuoso *hall* de entrada, os visitantes, deslumbrados e guiados por Anacleto, foram levados às demais dependências da organização.

Em poucos minutos de silenciosa caminhada, perceberam que os ares de requinte da organização haviam dado lugar a corredores austeros e ligeiramente sombrios, que levavam a diversas salas onde eram lecionadas inúmeras técnicas obscuras de processos obsessivos e as mais diversas condutas perniciosas.

Convidados por Anacleto, os irmãos adentraram um grande auditório, onde, naquele momento, estava sendo ministrada uma palestra meticulosa, cujo tema era sugestivo: "Desarmonias no seio do lar: o que fazer para torná-las eficazes?".

No auditório, após se acomodarem em poltronas confortáveis a convite de Anacleto, os visitantes puseram-se a observar a singular palestrante e os demais presentes.

Diante de todos, uma entidade feminina, sob o curioso nome de Anuket, lecionava com ares de vasto conhecimento na matéria:

— Meus caros, vale dizer que um dos métodos mais efetivos para trazer a desarmonia ao seio da família que se almeja desestruturar é a figura da amante ou do amante. É preciso, muitas vezes, que o lar-alvo seja desfeito por meio da infidelidade conjugal, e isso quase sempre é tarefa fácil, em especial, nas famílias que não cultivam valores nobres. É preciso promover o encontro do elo mais fraco do casal com um dos nossos parceiros encarnados, para que possamos dar início ao intercâmbio carnal sem propósitos amorosos.

Enquanto Anuket explanava, os alunos anotavam atentamente todas as ilações. Todos os presentes estavam interessados em promover tal modalidade de desarmonia. Segundo Anacleto, muitos deles eram encarnados em situação de desdobramento, que desejavam prejudicar terceiros por meio daqueles métodos.

A presença de diversas entidades que, aparentemente, professavam a chamada "magia negra" e os cultos de origem africana era notória, especialmente em razão das vestimentas e apetrechos chamativos que ostentavam. Antero e Leônidas ouviam tudo e observavam, vivamente impressionados.

Os dois irmãos logo perceberam que, por trás das grossas paredes que compunham a sede da Irmãos de Caim, se situava uma verdadeira universidade voltada para as práticas obsessivas, em todos os graus possíveis e direcionadas para a mais diversas áreas da vida humana encarnada.

Após ouvirem atentamente quase toda a palestra proferida por Anuket, Anacleto, aparentando grande satisfação com a impressão que causara nos visitantes, convidou:

— Meus prezados, está prestes a começar uma outra palestra interessantíssima, que poderá ajudá-los muito a levar a termo o desejo de vingança de vocês. Me acompanhem. Preparem-se para conhecer um dos nossos maiores mestres: o terrível Azaziel!

***

Estendida no chão fétido, Amparo quase não tinha consciência dos terríveis acontecimentos que se desenrolavam ao seu redor naqueles incontáveis e horrendos momentos em que estava em poder do cruel algoz e humilhada diante da numerosa plateia de desafetos, todos ávidos por vingança a qualquer preço.

Amparo não dominava mais seus membros. A cabeça pesava, enquanto ela expelia por todas as cavidades do seu corpo espiritual — que reproduzia fielmente o aparelho físico — uma substância viscosa e fétida, tal qual sangue putrefato.

A mulher sentia como se a voz grave e rouca de Azaziel soasse dentro de sua cabeça, como um eco dissonante, confuso e longínquo.

Queria gritar, correr, atirar-se rua afora, mas seu corpo espiritual, por assim dizer, pesava toneladas. As mãos de Amparo, tal como o restante de si própria, ostentavam uma aparência extremamente envelhecida e assustadoramente depauperada. A pele, ligeiramente enegrecida, conferia-lhe ares trevosos de morta-viva, quase um zumbi. O rosto cadavérico, enegrecido e enrugado, se lhe fosse possível ver-se diante de um espelho, dava-lhe um semblante de ser demoníaco. Todo o seu ser exalava podridão e imundície.

O recital cruel de crimes cometidos por ela parecia interminável, e a plateia sedenta não se cansava de ouvir e praguejar. Aqueles que eram mencionados e estavam presentes no recinto gritavam pesados impropérios, e alguns ainda tentavam agredir a prisioneira, mas eram impedidos pelos guardas, pois o direito à tortura era exclusivo do juiz Azaziel e de seus asseclas. A plateia, apesar de figurar como parte interessada, não passava de mera espectadora impotente.

Tais momentos se estenderam horas a fio até que, finda a leitura da extensa lista de delitos cometidos pela infeliz criminosa, o cruel julgador informou:

— Caros confrades, exultem! Declaro iniciada a fase de sentenciamento da ré!

Dito isso, adentrou no circo uma figura sombria, trajada de uma indumentária arcaica: tratava-se de uma espécie de meirinho de recuado século, vestido de negro dos pés à cabeça, coberto por uma longa túnica e que trazia em uma bela bandeja prateada três rolos de papiro. Cabisbaixo e em grave posição de reverência, ele ofereceu os papiros a Azaziel, que ajuntou:

— Vejam: aqui estão três sugestões de penas elaboradas pelas cabeças mais cruéis do departamento judicial, o chamado Conselho de Sentença, de nossa grande organização Irmãos de Caim. Tais sentenças são distintas entre si, e uma delas deverá ser imputada à ré. — E, fazendo uma pausa quase teatral, como a segurar o fôlego para a cena seguinte, prosseguiu o juiz das trevas ao desenrolar o primeiro papiro diante de todos: — A primeira sentença sugere que a ré seja aprisionada em um covil especial da Irmãos de Caim, cujos carcereiros responsáveis seriam suas mais tenebrosas vítimas, que se encarregariam de aplicar em Amparo, sem pausas, as corrigendas que mais lhes aprouvessem!

Quando ouviu a primeira sugestão de sentença, a plateia exultou, e muitos presentes se ofereceram aos gritos para realizar a tarefa.

Depois de os ânimos da plateia arrefecerem, a entidade prosseguiu:

— A segunda sugestão é a de que a ré tenha o perispírito fragmentado, seja reduzida à condição de ovoide e mantenham-na oculta em um dos nossos mais protegidos laboratórios, para que lhe seja obstada qualquer possibilidade de retorno à existência física por um período indefinido, a fim de prolongar ainda mais a condição de sofrimento e degradação!

Após apresentar a segunda sugestão de sentença, a plateia não apoiou o intento, pois a maioria considerou a pena branda demais.

Depois de ouvir as manifestações diversas dos presentes, Azaziel anunciou a terceira sentença sugerida para a ré:

— Irmãos, o Conselho de Sentenças sugere que a ré seja reduzida à condição de loba[11] e mantida aprisionada em situação de total isolamento por tempo indeterminado e em nossos piores covis!

---

11 Fenômeno conhecido como licantropia, em que o perispírito é manipulado para assemelhar-se à aparência de um lobo. Há vasta literatura espírita relatando diversos casos relacionados ao tema.

Feita a última proposta, a plateia exultou. Todos os presentes, sem exceção, concordaram com a sugestão de Azaziel. Assim, observando a anuência geral, a trevosa entidade arrematou e anunciou:

— Está dada a sentença! — e, voltando-se diretamente para a subjugada Amparo, declarou o juíz bestial: — Você será loba, criminosa infame! E, nessa condição, que seja finalmente feita a suprema justiça pela Irmãos de Caim!

\*\*\*

Depois de desfazer as malas alegremente, Virgílio deitou-se de um salto no leito simples, porém, aconchegante, do quarto de pensão onde se instalara na capital carioca, para finalmente cursar a sonhada Faculdade de Medicina.

O singelo recinto tinha por mobília apenas uma cama de solteiro, um roupeiro simples e pequeno, uma escrivaninha e uma poltrona, além de uma diminuta suíte privativa. O ambiente era muito austero, mas limpo e digno, o suficiente para a árdua rotina de estudos que viria pela frente.

O jovem humilde mal podia acreditar que o tão ansiado sonho de exercer a Medicina em favor dos pobres e mais necessitados estava prestes a começar.

Tudo era novo para Virgílio, e os fatos encadearam-se de tal modo que a realização que almejava poderia ser concretizada por meio de mais essa etapa de sacrifício e esforço. A bolsa de estudos fornecida pelo colégio São Bento custearia as despesas mais básicas e essenciais do rapaz, ou seja, a quantia mensal seria apenas suficiente para que ele levasse uma vida digna e sem luxos, enquanto cursava a faculdade.

A alegria que Virgílio estava vivenciando e a leveza de espírito despontaram como um verdadeiro bálsamo em sua existência depois de meses e meses de sofrimento e de tristeza pela morte de Luana e de seus filhos e pelos sonhos destruídos prematuramente, todavia, em seu íntimo, o jovem estudante de Medicina sentia que dali por diante a vida seria outra, diferente. Um universo de possibilidades se abrira diante de si.

Encantado, o jovem rapaz traçava mil planos. A alegre expectativa de que a vida recomeçaria preenchia seus doces pensamentos, enquanto ele, acomodado no leito, olhava para o teto naquele exato instante de abstração. Nesse astral de descontração e enlevo, Virgílio recordou-se do belo rosto de Luana e pensou: "Meu amor, onde quer esteja, meu desejo maior é que sinta orgulho de mim".

E, como num sonho idílico, fechou os olhos para beijar em pensamento o belo rosto de sua amada Luana.

***

Após o doloroso desencarne de Amparo, Consuelo rapidamente pôs em curso o desejo de desvencilhar-se de todas as amarras que ainda a prendiam à cidade de São Paulo.

Ela sepultou o corpo de Amparo sem velório ou lágrimas, e não houve uma única pessoa a oferecer-lhe o ombro amigo naquele doloroso momento de perda. Apesar de ter publicado no jornal local o obituário, em que informava o falecimento de sua mãe, ninguém fora visitá-la. Vivenciara aquela dolorosa perda, experimentando a mais profunda sensação de abandono e solidão.

Após o rápido sepultamento de Amparo, a jovem órfã chegou à conclusão de que não pretendia permanecer residindo naquela casa onde sua mãe desencarnara, nem tampouco desejava levar adiante a malfadada profissão exercida por sua genitora, na qual, de malgrado, a auxiliava. Consuelo desejava começar do zero a vida.

Desvencilhando-se de todas as questões administrativas que restavam para resolver, Consuelo vendeu o casarão em Higienópolis e, a fim de começar nova vida, mudou-se para a capital carioca.

Antes da partida definitiva e por intermédio de clientes conhecidos de Amparo, Consuelo adquiriu, com parte do bom lucro da venda que realizara, uma digna residência nas proximidades da Avenida Atlântica, no bairro de Copacabana, onde poderia desfrutar de uma existência tranquila e confortável a poucos minutos do mar.

Jovem, rica e órfã, Consuelo nutria o desejo de enterrar no passado a vida indigna de outrora, contudo, sem que ela suspeitasse, Antero e Leônidas, na espiritualidade, acompanhavam de perto os passos da moça, visando obstar-lhe os planos e engendrar uma nova etapa da vingança, que deveria ser processada, desta feita, em desfavor da jovem Consuelo.

# CAPÍTULO 14

Sem demora, frei Serafim e Regina foram ao encontro de Luana para situá-la a respeito dos acontecimentos pertinentes aos seus entes queridos e solicitar a intervenção da moça nos fatos, para que se cumprisse o planejamento da Espiritualidade para os espíritos envolvidos no doloroso drama do qual fora vítima.

Frei Serafim e Regina encontraram Luana em um momento de descontração na companhia do pequeno Marcos, cuja tutela provisória estava sob a responsabilidade da jovem servidora da Raio de Luz.

A dupla conversava alegremente no jardim situado nas proximidades do Educandário Filhos do Pai Celeste, quando foram abordados por Regina e frei Serafim.

— Minha querida filha, vejo que está entretida com nosso querido Marquinhos! — e, referindo-se ao pequeno, perguntou: — Como vai, meu jovem rapazinho?

— Vou bem, tia. Obrigado! — respondeu sorridente a pequena criança.

O frei Serafim, que se mantivera em silêncio, ajuntou:

— Querida Luana, trazemos as ansiadas notícias que tanto espera! — e, dirigindo-se para o pequeno Marcos, sugeriu: — Meu caro infante, por que não vai brincar com seus colegas aqui no parque? Apenas por alguns instantes. Precisamos ter uma conversa de adultos com nossa Luana.

— Sim, tio! Vou brincar com meus amiguinhos! — E saiu em alegre marcha para onde estavam diversos alunos do educandário, em um momento de lazer despreocupado no jardim.

Regina, então, mencionou:

— Luana, sente-se, minha querida. Precisamos ter uma longa conversa e creio que as notícias que trazemos não são as melhores.

Sem conter a ansiedade, a jovem, ladeada por frei Serafim e Regina, sentou-se emudecida em um banco espaçoso no jardim e aguardou com temerosa expectativa as notícias de seus entes queridos.

Frei Serafim adiantou-se:

— Minha cara, se recorda de que me procurou para auxiliá-la na busca de informações sobre os seus? Os Irmãos da Espiritualidade Maior já haviam se antecipado e requisitado que sua mãe solicitasse seus esforços para resolver a intrincada situação dos irmãos que permaneceram na esfera terrestre.

— Como assim, frei? O que está acontecendo? — Luana perguntou, angustiada.

Regina tomou a palavra:

— Minha amada filha, neste exato momento, seu pai se encontra em calamitosa situação devido aos erros que cometeu. Sob forte influência de irmãos obsessores, ele desencarnou em duras circunstâncias. Não gostaria de adiantar-lhe tais detalhes, dessa forma, será necessário que verifique pessoalmente a situação. Orestes desencarnou sob os primeiros lampejos do arrependimento e da amargura, e nossa esperança é de que sua presença possa auxiliar a despertar no íntimo daquele homem duro a necessidade de profundo arrependimento pelos erros graves que cometeu e o sincero desejo de reparar os equívocos procedidos. Ele está em uma situação deplorável, ainda jungido ao corpo físico e em avançado estado de decomposição. Precisamos de você e de seu incentivo para que ele seja libertado dessa situação e possa ser encaminhado para o resgate de seus graves débitos. Sua presença é fundamental nesse processo de despertar. Podemos contar com você?

Com os olhos marejados de lágrimas, Luana abraçou a mãe e, quase sem conseguir comunicar-se em razão da tamanha emoção que estava experimentando, disse:

— Não importam os erros que ele cometeu e a situação em que se encontra. Eu quero ajudá-lo! Ele é meu pai, e nada mudará isso!

Sem delongas, frei Serafim, segurando as mãos de Luana entre as suas, disse:

— Minha querida, é preciso que vá o mais rápido possível ao encontro de seu malfadado pai, porém, peço que mantenha o equilíbrio e a tranquilidade. O que virá não será fácil, mas confio que você saberá o que fazer. Estão prontas?

Após trocarem mais algumas breves palavras, os três se dirigiram rapidamente à plataforma de embarque localizada em um sítio reservado na Raio de Luz, para tomarem o transporte que fazia o trajeto diário entre a crosta terrestre e a colônia.

Depois de Regina se identificar numa espécie de guichê, os três foram autorizados a sentarem-se em suas respectivas poltronas. Cerca de vinte indivíduos, além de Regina, frei Serafim e Luana, ocupavam o veículo e estavam devidamente acomodados. De repente, ouviram uma voz direta e grave soar no veículo, que em seu interior se assemelhava aos vagões de trem que circulavam na Terra, anunciando:

— Saudações! Chamo-me Tancredo e sou o servidor responsável por conduzi-los até a crosta terrestre. Peço que se mantenham em silêncio. O trajeto será rápido, e alguns dos presentes podem sentir um leve mal-estar em razão da diferença de atmosferas entre a colônia e a Terra. Peço, contudo, que se mantenham em prece e aproveitem a viagem.

Em poucos minutos, os tripulantes já podiam divisar a aproximação da aeronave em relação à atmosfera terrena. Um por um, os presentes foram deixados em seus respectivos destinos.

Regina, frei Serafim e Luana desembarcaram em frente à mansão dos Monferrato, e a moça, vendo-se diante da casa que habitara por toda a sua curta existência terrestre, foi tomada por um misto de tristeza e saudosismo. Outros aspectos que envolviam o imóvel chamaram a atenção da jovem desencarnada, que questionou:

— Mãe, por que a casa onde vivemos por tanto tempo está envolta nessa névoa densa e esverdeada? A imagem que se apresenta na espiritualidade é tão diferente da imagem que eu guardava na memória!

De fato, a visão da mansão dos Monferrato, do ponto de vista extrafísico, era totalmente diferente do aspecto de opulência e luxo que o imóvel ostentava para os encarnados. A mansão estava envolta em uma densa névoa esverdeada, e as paredes externas mostravam-se tomadas de uma espécie de limo verde e pegajoso. A aparência era repugnante.

Respondendo ao questionamento surpreso de Luana, Regina explicou os fatos:

— Filha, enquanto estivemos juntos no plano terrestre, sempre fui mulher de orações e conduta honrada. Os irmãos da espiritualidade nunca permitiram que tal estado vibratório dominasse nossa antiga residência, contudo, após meu desencarne, seu pai passou a levar uma existência permeada por uma conduta profundamente equivocada e luxuriosa. Se, externamente, ainda mantinha um proceder aparentemente sóbrio e austero, em sua rotina íntima, tratava-se, no entanto, de um homem sem qualquer pudor ou escrúpulo, o que agravou exponencialmente seu estado de desequilíbrio depois do desencarne. Hoje, a casa em que moramos se tornou habitação de diversos irmãos em pior situação vibratória possível, atraídos pela conduta do morador, ou seja, de seu pai. Não bastasse isso, a névoa negra e a substância pegajosa que vemos por toda a parte na residência se tratam de emanações deletérias oriundas dos espíritos que frequentam o imóvel. Não se impressione.

Segurando as mãos das duas companheiras de missão, frei Serafim convidou:

— Minhas caras, antes de iniciarmos a missão de hoje, façamos uma prece ao Pai Misericordioso para que Ele nos dê a força e a lucidez necessárias ao desempenho da grave tarefa que nos espera. Luana, é sua a palavra.

Com a voz embargada, a jovem fez uma sentida prece:

— Senhor Jesus de bondade e justiça infinitas, nos guie na missão de hoje. Cristo, coloque sua mão sobre todos nós para que possamos levar sua chama de amor para todos os irmãos necessitados aqui presentes e, em especial, para meu desventurado pai Orestes! Permita, Senhor Jesus, que aquele coração endurecido seja tocado pelo seu amor! Que assim seja!

Enquanto pronunciava a prece, pequenos flocos de luz branca caíram sobre os tarefeiros, renovando-lhes o ânimo e afastando os efeitos deletérios das vibrações densas emanadas no ambiente.

Frei Serafim, então, fez menção para ingressarem no imóvel, o que aconteceu sem grande dificuldade, uma vez que, como se tratavam de desencarnados, transpuseram com facilidade o portão de entrada.

À medida que caminhavam no interior do casarão, os miasmas e as emanações deletérias eram automaticamente afastadas do caminho dos visitantes. Nada os atingia, pois os três visitantes estavam em sintonia superior, muito diversa daquela emanada pelo ambiente.

Sem serem notados pelos numerosos habitantes desencarnados de aparência trevosa presentes no imóvel, os visitantes locomoveram-se rapidamente no interior da enorme residência, que Luana e Regina conheciam bem. Apesar do luxo do casario, ornado com as melhores e mais ricas mobílias e objetos de arte, a visão na perspectiva espiritual era verdadeiramente pavorosa e diametralmente oposta àquela ostentada no mundo físico.

Especialmente nos últimos meses de vida no corpo físico, Orestes entregara-se ao vício da bebida, e o crime tenebroso que ele cometeu contra a filha e os netos foi o ápice de sua derrocada moral e espiritual, desencadeando para si um terrível processo obsessivo promovido por Antero e Leônidas, os irmãos abortados, cuja vingança fora encampada pela Irmãos de Caim.

Propositadamente, foram convidados a permanecer de prontidão na residência pela Irmãos de Caim — empenhada naquele intrincado processo obsessivo — diversos espíritos obstinados a dificultar o acesso de benfeitores. Vários daqueles servidores das trevas eram desencarnados envolvidos com o vício do álcool, se beneficiavam e estimulavam a dependência de Orestes pela bebida. Tudo naquele ambiente trevoso fora desencadeado para perpetuar a degradação moral e física do ex-magnata.

Depois de uma rápida travessia pelo casario, os visitantes — guiados por Regina — postaram-se em frente ao escritório de Orestes, onde seu corpo físico jazia morto, em franco e acelerado processo degenerativo. O espírito do ex-magnata, contudo, continuava preso ao invólucro corpóreo inutilizado.

Regina alertou a filha:

— Minha querida, desejo que se mantenha calma e confiante. A visão da situação do seu pai não será agradável. Nós nos manteremos ao seu lado. Orestes não poderá notar nossa presença, somente a sua, em benefício dele próprio. Confie em Deus todo poderoso e siga com sua missão. Ele nos protegerá.

Assim orientada, Luana atravessou o limiar da porta do escritório do pai e, de pronto, deparou-se com um dantesco cenário de horror: estendido no chão, Orestes, com o corpo físico completamente inflado e desfigurado, encontrava-se vinculado a ele de maneira assustadora.

Muito embora o corpo houvesse perecido miseravelmente, tendo em vista que o desencarne de Orestes fora antecipado pela conduta desvairada em que ele decaíra, os fluidos energéticos que vinculavam o espírito ao veículo físico não tinham esvaído totalmente a ponto de libertar o desencarnado do corpo inútil.

Não bastasse tal fato, filamentos negros e pegajosos emaranhavam-se entre o espírito desencarnado e o corpo físico, estreitando ainda mais o estado de vinculação deletéria entre os dois — medida promovida por agentes da Irmãos de Caim, visando aumentar o sofrimento de Orestes.

Lágrimas dolorosas escorriam pelo rosto de Luana e um profundo sentimento de piedade e terror tomou conta da jovem, que, por um instante, hesitou em aproximar-se do pai. Ela, contudo, abaixou-se silenciosamente, impôs as mãos sobre a face de Orestes e, em curtos movimentos, afastou do rosto do infeliz a substância viscosa que lhe tapava a fronte.

De pronto, Luana verificou a situação de alheamento e o estado cataléptico em que estava o espírito de Orestes e, intuitivamente, chamou-o, enquanto o estreitava entre os braços:

— Pai, aqui estou para levá-lo embora! Sua filha, que muito o estima. Lembra-se de mim?

Orestes arregalou os olhos e balbuciou:

— Estou ficando louco. Estou ouvindo minha filha morta chamando-me... Quão desgraçado eu sou! Matei minha própria filha e meus netos! Devo apodrecer no inferno em que já estou metido...

E repetidas vezes, Orestes, alheio, praguejou contra si mesmo, sem se dar conta da presença da filha.

Com o coração transbordante de compaixão por aquela infeliz criatura, Luana insistiu:

— Pai, estou aqui para lhe dizer que o amo e que o perdoo do fundo do coração! Vamos embora comigo? Vim para buscá-lo!

Orestes voltou a arregalar os olhos e balbuciou:

— Será um anjo que veio buscar-me? — esgazeando o olhar, prosseguiu o enfermo:

— É você, filha? É você, minha pobre Luana?! Eu conheço essa voz doce e terna!

Orestes não conseguia divisar claramente a presença da filha, mas, reconhecendo-lhe a voz, balbuciou fracamente e em pausas:

— Filha, perdoe a desgraça que lhe provoquei... Fui um monstro impiedoso e perdi meu bem mais precioso... Filha, tenha piedade desse criminoso repugnante que me tornei...

Sentindo o profundo arrependimento que tomara conta daquele espírito enfermo que mal reconhecia a própria filha, frei Serafim e Regina intervieram e, em prece, promoveram a retirada dos filamentos pegajosos que vinculavam ainda mais fortemente Orestes ao corpo em franca decomposição.

Experiente em tais procedimentos de libertação de espíritos do corpo físico, frei Serafim concluiu o desligamento sem grande dificuldade, e, em seguida, o pequeno grupo de espíritos tarefeiros que atuava na Paróquia de Santa Terezinha do Menino Jesus, base socorrista dirigida pelo próprio frei, adentraram silenciosamente o recinto e posicionaram o espírito de Orestes, já liberto do corpo físico, em uma maca apropriada para o deslocamento até a base próxima, onde receberia os primeiros cuidados.

Naquele momento, iniciou-se, de fato, o processo de resgate do ex-magnata Orestes Monferrato.

***

Sempre requisitado pelos confrades de ideais sombrios, Azaziel costumava lecionar nos átrios da Irmãos de Caim e, em tais ocasiões, abria mão da aparência medonha que ostentava nos espetáculos públicos voltados para os julgamentos daqueles que eram considerados dignos de punição no umbral e reassumia sua aparência mundana, ostentando os caracteres do frei Vitoriano de La Serra, a identidade que assumira em sua última e recuada encarnação.

Não bastasse isso, em tais ocasiões, Azaziel também costumava trajar-se com o típico hábito dos franciscanos em busca de imprimir maior credibilidade à sua figura.

Assim, encerrada a peculiar palestra de Anuket, foi anunciada em seguida a entrada do próximo palestrante, que foi recebido de pé por todos os presentes, que se mantiveram respeitosamente silenciosos.

Já posicionado diante da plateia, o palestrante da vez pronunciou-se, abaixando o capuz marrom do hábito que trajava:

— Caros confrades da nossa gloriosa Irmãos de Caim, salve! Que seja feita a justiça para nós e nossos inimigos!

Em uníssono, os presentes responderam:

— Seja feita a nossa justiça!

Prosseguindo, frei Vitoriano ajuntou:

— Irmãos, sentem-se! — o comando foi prontamente obedecido pelos demais, e ele continuou a falar: — Hoje, fui convidado por nossos dirigentes a falar-lhes sobre a plasticidade do perispírito e como podemos manipulá-lo em favor dos nossos melhores propósitos.

Atenta, a plateia não perdia um lance sequer das palavras proferidas por frei Vitoriano, que prosseguia:

— Muitas vezes, em nossas missões em busca de justiça, precisamos lançar mão das mais elaboradas técnicas a fim de obtermos o sucesso de nossos intentos, todavia, nesse delicado e concorrido mercado de serviços e favores que prestamos para satisfazermos o desejo de vingança de nossos filiados e da vasta clientela encarnada e desencarnada, o conhecimento sobre os mais complexos procedimentos obsessivos é necessário para que logremos êxito. Contamos com vários setores bem estruturados, que nos atendem em nossas graves necessidades. Quando carecemos de tecnologia avançada, com seus instrumentos e apetrechos diversos, socorremo-nos no setor apropriado; quando necessitamos manipular a saúde de irmãos encarnados, procuramos nossos especialistas; quando devemos provocar a desordem e o desequilíbrio nos mais diversos ambientes terrenos, lançamos mão daqueles irmãos mais experimentados no assunto. E, sem receio de errar, quando a Irmãos de Caim precisa de conhecimentos específicos em manipulação da aparência perispiritual, certamente posso me incluir entre suas principais referências no assunto. Ao longo dos séculos, considerando a passagem de tempo terrena, pesquisei as melhores técnicas e procurei me aperfeiçoar constantemente. Desde a mais remota época, em que, no plano terrestre, ainda me situava no envoltório corpóreo e servia à Igreja Católica, eu buscava secretamente conhecimentos pertinentes à magia negra, que, até hoje, me soam úteis e repercutem indelevelmente em minha memória.

E fazendo uma breve pausa para aguçar a expectativa da plateia sedenta de conhecimento, prosseguiu Azaziel:

— De modo que o foco da exposição de hoje é justamente a zoantropia, ou seja, a capacidade de manipular o perispírito próprio ou alheio para que ele assuma a aparência animalesca pretendida, com as mais diversas finalidades. E aqui, em especial, nos interessa estudar a referida técnica com o objetivo de reforçar os mais diversos deletérios processos obsessivos.

Enquanto Azaziel realizava sua exposição, Antero e Leônidas, impressionados, assistiam a tudo com atenção.

Quando já estavam plenamente convencidos da eficácia da Irmãos de Caim, os irmãos abortados anuíram ao convite de Anacleto e aceitaram filiar-se à entidade umbralina.

Voltando-se para o recrutador, Leônidas mencionou:

— Meu caro, estamos impressionados com a estrutura que vocês dispõem e com seu notável corpo técnico especializado para nos assessorar em nossa vingança, todavia, não temos nada a oferecer em troca. O que vocês podem querer de nós, afinal?

Anacleto respondeu prontamente:

— Fidelidade. Queremos apenas que os senhores retribuam os favores recebidos por meio de serviços que poderão ser solicitados de vocês a qualquer momento, mas não se preocupem com isso agora. Neste momento, devem apenas assinar o Termo de Filiação.

Rapidamente, Anacleto retirou de dentro de uma pequena pasta um extenso documento que fora assinado pelos irmãos[12], e, a partir daquele momento, sem saber exatamente a gravidade do compromisso assumido, Antero e Leônidas filiaram-se à tenebrosa Irmãos de Caim.

***

Presa por uma grossa coleira — dotada de pontas perfurantes que entravam em contato direto com o pescoço da infeliz, causando-lhe uma sensação dolorosa —, Amparo foi arrastada pelos asseclas de Azaziel e conduzida ao cadafalso mais asqueroso da entidade, situado na ala reservada às aborteiras.

Mesmo nas regiões mais degradantes do umbral, aqueles que cometem essa modalidade de crime contra a vida, impossibilitando o reencarne de terceiros, são considerados os piores criminosos da espiritualidade e, geralmente, lhes são reservadas as mais cruéis e implacáveis perseguições e vinganças, especialmente quando caem nas mãos de organizações, tais como a Irmãos de Caim.

---

12  Determinados costumes terrenos corriqueiros, tais como a realização de contratos etc. são amplamente adotadas nas regiões umbralinas mais organizadas.

Arrastada cruelmente por extensos corredores sombrios, Amparo, mesmo na situação de extrema perturbação mental que beirava à insanidade, recusava-se a deixar-se aprisionar, contudo, à medida que recalcitrava, mais lhe doíam no pescoço os espinhos cravados na corrente.

Após uma longa caminhada, em que os dois asseclas que a acompanhavam orientavam-na pelo lume de tochas acesas, a criminosa, transmutada em animal, deparou-se com a terrível cela que iria ocupar dali por diante, sem prazo de libertação, uma vez que, segundo Azaziel, a condenação de Amparo era supostamente perpétua. O local tratava-se de um cadafalso imundo, enorme, à meia-luz, onde dezenas de condenadas na mesma condição, ou seja, transmutadas em "lobas", também estavam aprisionadas.

Quando os asseclas aproximaram-se da cela, encostando as tochas acesas nas grades, as demais prisioneiras — todas do sexo feminino — aproximaram-se das grades, com ar enfurecido e com o olhar extremamente malévolo, como se aguardassem ameaçadoramente a chegada de mais uma condenada.

Um dos algozes que conduziram Amparo retirou do bolso grosso um molho de chaves e abriu a cela, enquanto o outro procurava afastar as demais prisioneiras da entrada com o lume da tocha acessa, que balouçava no ar.

Sem demora e arrastada pela corrente presa ao pescoço, Amparo foi jogada no catre imundo e imediatamente atacada pelas demais condenadas, que, ligeiras, avançaram sobre ela, dilacerando-a violentamente em diversos pontos da nova aparência. Sem possibilidade nenhuma de defender-se, Amparo deixou-se mutilar, sentindo cruelmente toda a dor da violência sofrida.

Cansadas de agredir a nova prisioneira, as condenadas afastaram-se grunhindo, e Amparo-loba, cuja aparência mutilada nem de longe lembrava a mulher que fora um dia, quedou-se inerte no solo fétido da cela onde acabara de ser recepcionada. E esse foi apenas o começo dos tormentos que a aguardavam como prisioneira de seus próprios erros no cadafalso da Irmãos de Caim.

# CAPÍTULO 15

As semanas passaram-se rapidamente até que a jovem órfã, disposta a enterrar seu passado, pudesse se considerar definitivamente instalada. Consuelo adquirira um confortável imóvel em Copacabana, já mobiliado, e fizera questão de levar consigo apenas os objetos de uso pessoal, roupas, recordações de sua mãe e pequenas miudezas do dia a dia.

Nada além disso fora levado à casa nova, visto que Consuelo desejava desfazer-se de tudo que a remetia à tragédia pessoal que vivera com a perda da mãe. Tal conduta fazia parte do esforço pessoal da moça em empreender uma nova vida e livrar-se de todas as lembranças da vida criminosa que levara no pretérito.

Amparo deixara a filha em uma situação confortável do ponto de vista financeiro, demandando apenas e tão somente que a jovem soubesse administrar a pequena fortuna que lhe fora reservada, o que estava sendo feito lucidamente por Consuelo, que adotara uma rotina austera no trajar-se e nos modos mais simples do viver cotidiano.

Consuelo contratara uma jovem humilde, de nome Matilde, para fazer-lhe companhia e encarregar-se do escasso serviço doméstico da residência, bastante espaçosa para uma moça solitária residir sozinha.

A nova rotina de Consuelo resumia-se a passeios matinais e meditativos à beira da praia, já que morava no bairro de Copacabana, e à leitura frequente de romances e de livros diversos, aos quais tinha acesso na Biblioteca Nacional[13].

A mudança na disposição íntima de Consuelo era visível. Ela tornara-se uma jovem reclusa, pensativa e de rotina extremamente austera. O convívio social não a interessava mais, de modo que vivia apenas para si, e, ainda que tenha modificado sobremaneira sua postura pessoal, ela nutria, aos poucos, uma profunda sensação de apatia e desânimo.

Matilde foi tornando-se mais que uma mera acompanhante na rotina diária. Consuelo afeiçoara-se à jovem, travava com ela longas conversas sobre assuntos diversos e, de vez em quando, dividia também angústias — sem nunca, no entanto, revelar-lhe, por constrangimento, a realidade do seu passado delituoso em companhia de Amparo.

A criada, que também se afeiçoara à patroa solitária, notava com preocupação o comportamento cada dia mais recluso de Consuelo. Sem que a jovem órfã sequer suspeitasse, Antero e Leônidas revezavam-se ao seu lado, insuflando-lhe os primeiros sentimentos de desalento e desinteresse pela vida. Os obsessores inspiravam-lhe pensamentos constantes de tristeza e desamparo, fazendo a jovem experimentar um profundo sentimento de desalento.

Consuelo, por vezes, passava o dia prostrada, alimentando uma triste sensação de inutilidade, e, paulatinamente, o desejo de vida nova foi cedendo lugar a um profundo sentimento de abandono e desorientação, fato que não passou despercebido pela jovem e atenta criada Matilde.

\*\*\*

---

13  A belíssima Biblioteca Nacional situa-se na Avenida Rio Branco, Cinelândia, no centro do Rio de Janeiro.

A Paróquia de Santa Terezinha do Menino Jesus, fundada por carmelitas descalços, abrigava, para muito além da bela estrutura física destinada ao centro religioso terrestre, uma grande base socorrista filiada à Colônia Raio de Luz. Muitos tarefeiros lá empregavam esforços no resgate e acolhimento de irmãos desencarnados em diversas circunstâncias. Todos eram amorosamente recolhidos e encaminhados à Raio de Luz, após os primeiros atendimentos serem realizados. A base socorrista era comandada pelo frei Serafim, que, em sua última passagem terrestre, também fora carmelita.

Orestes foi levado para lá com a assistência da equipe de tarefeiros oriundos daquela base e sob a observação direta do frei. Lá chegando, inicialmente, foram-lhe ministrados passes que, além de promoverem a higiene do perispírito do ex-magnata, imantado em deletérias vibrações de cunho obsessivo, o induziram ao sono reparador até que fosse possível transportá-lo à colônia.

Após todos os atendimentos iniciais, o desencarnado foi acomodado em um confortável leito de enfermaria, em sono profundo e sob a observação de uma prestimosa enfermeira. Nesse momento, Regina e Luana retiraram-se do recinto em companhia do frei Serafim, demonstrando grande alívio pelo resgate do ente querido.

Com lágrimas nos olhos, Luana, que se mantivera em silêncio a maior parte do tempo, finalmente pôde desabafar:

— Frei, nunca pensei que um dia encontraria meu pai naquela situação terrível. Quase não o reconheci, mas sou profundamente grata pela oportunidade que me foi dada de resgatá-lo e de estar perto dele novamente.

— Filha, Deus sabe o que faz, mas esse é só o primeiro passo de uma jornada muito dolorosa para Orestes. Aqueles a quem ele prejudicou não o deixarão em paz tão cedo — preocupada, alertou Regina.

— É verdade — confirmou o frei Serafim —, mas não nos esqueçamos de que a Providência já tem planos traçados para ele e que, em breve, nosso irmão terá oportunidade de reparar os erros que cometeu no pretérito.

Tais palavras soaram fundo no íntimo de Luana, e, quase no mesmo instante, um dos prestimosos tarefeiros da base socorrista interrompeu o diálogo para avisar que, em caráter excepcional e após os primeiros socorros prestados a Orestes, ele já poderia ser encaminhado para a Raio de Luz — em razão da gravidade do estado daquele espírito violentamente obsidiado — para que recebesse tratamento especializado para aquela circunstância.

Depois de algumas poucas horas, Orestes — em sono profundo e instalado em uma moderna maca hospitalar — foi transportado para a Raio de Luz, onde se daria efetivamente seu tratamento espiritual até que ele estivesse em condições favoráveis para cumprir o planejamento que estava à sua espera e resgatar os graves débitos angariados para si e para seus entes queridos.

\*\*\*

As horas passavam rapidamente entre uma aula e outra, e Virgílio pouco tempo tinha para si. O rapaz procurava empregar nos estudos todo o tempo de que dispunha e seu maior objetivo era terminar a faculdade de Medicina no prazo mais curto possível para realizar o sonho de retribuir a oportunidade que a Providência lhe dera — de poder exercer a tão sonhada Medicina — e auxiliar os mais desfavorecidos. Ele desejava retribuir o privilégio que, diga-se de passagem, estava reservado a uma parcela muito seleta da sociedade do seu tempo.

É fato que a parca renda que auferia por meio da bolsa de estudos — complementada por aulas particulares que ministrava aos colegas de curso com mais dificuldade de aprendizado — lhe permitia uma vida de apertada sobriedade, completamente desprovida de luxo. Virgílio sentia falta da presença constante da família e, sempre que podia, visitava os pais em sua cidade natal.

    Mesmo após sua emancipação, o rapaz fazia questão de manter uma rotina discreta e pouco dada à boemia desfrutada por seus colegas de faculdade. A lembrança da jovem Luana ainda o tocava profundamente, muito embora o bálsamo do tempo tenha lhe favorecido neste particular, serenando o sentimento de perda que amargara por alargado período. Volta e meia, Virgílio alimentava o desejo de encontrar alguém que despertasse nele o afeto apaixonado que sentira por sua amada, precocemente morta. Tais pensamentos o assaltavam nos momentos em que, repousado no leito e distante dos inúmeros afazeres do dia, sentia falta de compartilhar com alguém seus mais íntimos pensamentos. Ele era, de fato, um rapaz romântico que ainda ansiava reencontrar o amor na vida.

# CAPÍTULO 16

Enquanto Orestes passava por um grave tratamento ministrado no hospital psiquiátrico Esperança dos Sofredores e era assistido de perto por sua devotada filha Luana — que fora liberada de suas tarefas rotineiras para dedicar-se integralmente aos cuidados do pai, conforme solicitara aos seus superiores —, Regina e frei Serafim, mais aliviados, puderam concentrar esforços em outro componente importante da delicada trama que envolvia a todos nos crimes cometidos por Amparo e Orestes: Consuelo, a jovem já duramente obsidiada.

Muito embora a moça tivesse grande responsabilidade nos fatos ocorridos, uma vez que auxiliara a mãe nos crimes cometidos, de outro turno, também estava sendo levado em consideração o fato de que Consuelo já alimentava o desejo de reformar-se intimamente e de que ela mudara radicalmente sua postura pessoal. Apesar de a ninguém ser lícito subtrair-se das consequências dos próprios atos, era possível, sem sombra de dúvida, obstar a influência perniciosa de Antero e Leônidas, e isso certamente aconteceria se a própria Consuelo fosse capaz de converter sua prostração em trabalho em favor do próximo.

E, com esse pensamento em mente, Regina e seu leal amigo frei Serafim entabularam um colóquio a respeito da jovem órfã:

— Meu caro frei, fui informado de que a filha de Amparo está em situação calamitosa, quase completamente dominada pelos infelizes irmãos abortados. Não podemos perdê-la! Tenho pensado numa solução e preciso ouvir seu conselho fraterno.

— Fique à vontade para questionar-me, minha querida. Suspeito que estejamos alimentando as mesmas ideias.

— Não foi por acaso que a Providência arquitetou que uma jovem profundamente honesta, de origem humilde, fosse escolhida por Consuelo para fazer-lhe companhia e auxiliá-la nas atividades de cunho doméstico. Pelo bem de nossa assistida, a jovem Matilde é simpatizante da doutrina codificada por Allan Kardec e tem se dedicado, em seu tempo livre, à leitura das obras básicas e...

Antes mesmo que Regina concluísse a fala, frei Serafim captou as ideias da amiga e, completando seu pensamento, ajuntou:

— E se interviéssemos junto a Matilde para que ela oferecesse a Consuelo uma das obras basilares[14] do pentateuco kardecista, a mais apropriada para seu doloroso momento de perturbação, para que, em desfavor da atuação perniciosa de seus obsessores, encontre meios de se fortalecer espiritualmente?

Com um sorriso iluminado, frei Serafim perguntou satisfeito:

— Captei sua mensagem, minha cara Regina?

— Com certeza, meu amigo! Se conseguirmos incutir em Consuelo as ideias salutares de caridade e amor ao próximo, quem sabe não a resgatamos do estado em que se

---

14  São conhecidas como as obras básicas da doutrina espírita: *O Livro dos Espíritos*, *O Livro dos Médiuns*, *O Evangelho Segundo o Espiritismo*, *A Gênese - Os Milagres e as Predições Segundo o Espiritismo* e *O Céu e o Inferno*, todas codificadas por Allan Kardec e que encerram os ensinamentos basilares do espiritismo.

encontra, para que possamos, com maior segurança, auxiliá-la para que se concretize a Vontade Maior? Apóstolo Pedro disse que "o amor cobre uma multidão de pecados!"[15]. Ora, muito mais que uma bela afirmação para ressaltar a importância da principal máxima cristã, o apóstolo de Cristo lecionou que o amor praticado, especialmente por meio da caridade, tem a capacidade de atenuar os numerosos erros cometidos por cada um nós. É fácil perceber que o bem que é praticado em favor do próximo, aliado à necessária reforma íntima, mitiga as consequências dos atos delituosos praticados, sejam eles quais forem, afinal, não há expiações eternas.

***

Leônidas e Antero, alertados por emissários da Irmãos de Caim, lamentaram furiosamente a perda do domínio sobre Orestes, mas nada podiam fazer, pois, segundo foram informados, muito dificilmente um desencarnado que era resgatado por tarefeiros da Raio de Luz retornava ao poderio de obsessores, ao menos, antes de encarnar novamente.

Naquele momento, eles estavam conscientes de que o ex-magnata Orestes Monferrato era inacessível, todavia, obtemperaram que a própria Amparo — na opinião deles, a maior criminosa entre os culpados dos seus infortúnios —, segundo lhes fora informado, já estava sendo objeto de cruel vingança e pagando caro pelos delitos que cometera.

Diante de tais fatos, os dois obsessores passaram a concentrar seus esforços em Consuelo, o alvo que lhes restava para direcionar toda a fúria que sentiam pelo crime que vitimara a ambos.

Os dois irmãos passaram, então, a perseguir a moça dia e noite, vinte e quatro horas, incutindo-lhe toda sorte de pensamentos perniciosos, mantendo-a, reiteradamente, no leito.

---

15   I Epístola, 4:8. "Mas, sobretudo, tende ardente amor uns para com os outros; porque o amor cobrirá a multidão de pecados".

Os obsessores objetivavam que Consuelo, fragilizada emocionalmente, atentasse contra a própria vida — o que só não ocorreu devido à piedosa vigilância de Matilde, que zelava caridosamente pela patroa terrivelmente dementada.

Tal realidade enfurecia ainda mais os dois irmãos, uma vez que suas investidas contra Matilde — que passara a sofrer ataques também — eram inúteis, tendo em vista que a jovem estava longe do campo vibracional dos obsessores, em razão da conduta reta e profundamente caridosa da moça. Contra ela nada podiam fazer, um vez que Matilde era inacessível às tentativas de afastá-la de Consuelo, restando-lhes apenas ter de aturá-la diuturnamente, já que o processo obsessivo só se instala quando o alvo objetivado se encontra em sintonia com os obsessores. Não era o caso de Matilde, jovem de conduta escorreita, de fortes princípios e simpatizante da nascente doutrina espírita na cidade do Rio de Janeiro.

Leônidas e Antero não arredavam o pé da presença da jovem obsidiada e, em um verdadeiro cerco obstinado, incutiam-lhe pensamentos de desalento e tristeza profunda, que, irremediavelmente, culminavam em tristes ideias alimentadas pela jovem, que passara intimamente a desejar a morte.

— Chore, criatura imunda! Chore, que suas lágrimas amargas são um deleite para mim! — praguejava Antero ao lado de Consuelo, que se desfazia em lágrimas no leito.

Leônidas também sussurrava:

— Você não tem fome nem sede! Você nem sequer tem força para erguer-se do catre!

Captando as sugestões constantes dos desencarnados, a jovem definhava rapidamente e passara a recusar qualquer alimento, desejando ardentemente que assim lhe sobreviesse a morte, mais cedo ou mais tarde.

A influência dos irmãos era implacável, e tudo indicava a proximidade de um possível desfecho trágico, uma vez que Consuelo, enferma, padecia a olhos vistos.

A pele de Consuelo estava amarelecida, e os olhos, fundos, encontravam-se emoldurados pelos longos cabelos que começavam a rarear em função da deficiência nutricional, uma vez que a jovem só se alimentava a muito custo e quando Matilde, abnegadamente, levava o alimento à boca da doente.

Tudo indicava que o cruel processo obsessivo em desfavor de Consuelo seria levado a termo com êxito e em favor do planejamento perverso engendrado pelos irmãos sedentos de vingança.

\*\*\*

Estirada num canto do cadafalso imundo, para onde se arrastara com dificuldade extrema, Amparo tentava proteger-se da presença das demais prisioneiras, que, em sua maioria, apresentavam ares de profunda insanidade, aliada a uma ferocidade sem limites.

O ambiente era escuro, fétido e tomado por uma lama grossa, pegajosa e imunda. Constantemente, eram ouvidos passos no corredor em frente à cela, ocasião em que se viam guardas carregando novos prisioneiros para as masmorras próximas. Amparo, muito embora debilitada e mentalmente fragilizada, alternava períodos de lucidez com outros, angustiantes, de loucura, em que revia mentalmente os diversos crimes que cometera enquanto esteve encarnada, como se sua mente, de tempos em tempos, fizesse questão de relembrar, nos mais nítidos detalhes, todas as dolorosas mortes que desencadeara. Nesses instantes, diante dos seus olhos, ela via e revia os atos que a levaram até o sofrimento que estava experimentando naquele momento e, em silêncio, chorava copiosamente pelo doloroso sentimento de culpa que estava experimentando — sentimento que era novo para ela.

Nos esparsos momentos de lucidez, em que constatava a degradação do seu estado, ela horrorizava-se com a aparência que ostentava — passara a ter patas em vez de mãos humanas; garras, em vez de unhas; pelagem, em vez da cútis macia. Além disso, todo o corpo de Amparo estava deformado e apresentava cruéis ferimentos provocados pelo ataque que sofrera logo que chegara à cela.

A prisioneira perdeu completamente a noção da passagem do tempo, e todos os presentes na masmorra, tal como ela, tentavam ocultar-se uns dos outros. O cadafalso tratava-se, na verdade, de um imenso vão escuro, povoado de criaturas enfermas, dominadas, em sua maioria, por uma loucura furiosa, e todas, absolutamente, todas, sem exceção, eram criminosas responsáveis por uma infinidade de crimes contra a vida de irmãos que ansiavam reencarnar.

Assim, recolhida e deformada, Amparo assistia à passagem do tempo em seus intermitentes momentos de sanidade e, prisioneira da própria culpa, expiava um sem-número de odiosas faltas cometidas.

# CAPÍTULO 17

Dia após dia, Luana, religiosamente, deixava bem cedo seus aposentos na Raio de Luz e ia visitar o pai, que permanecia internado no hospital Esperança dos Sofredores, em estado semelhante ao coma, mas com função exclusivamente reparadora para que fosse reestabelecido, minimamente, seu equilíbrio espiritual.

Do fundo do seu coração, Luana já o perdoara. Todo o sofrimento que Orestes lhe causara se transmutara em grande riqueza íntima, sabedoria moral e espiritual, que a jovem leviana de antes jamais teria alcançado se não tivesse passado por todo o sofrimento que amargara.

Àquela altura, Luana entendera que o crime cometido em seu desfavor lhe servira de experiência redentora, uma vez que, por meio do sofrimento profundo, dos sonhos dilacerados, reconhecera a força libertadora do perdão, do desprendimento e do amor ao próximo, sentimentos que nunca experimentara em sua curta existência encarnada e tampouco daquela forma arrebatadora.

Observar seu próprio pai no leito, ainda experimentando os efeitos terríveis do seu desencarne doloroso, sombra do homem que Orestes Monferrato fora um dia, fê-la recordar-se do quanto a vida terrestre é efêmera ante a imortalidade do espírito.

Ao terminar uma sentida prece em favor do pai, Luana, sentada ao lado de Orestes, pensou:

"Pai, o que fez consigo?! Sinto tanta compaixão por sua dor, por seu profundo obscurecimento moral, que o fez precipitar-se, por seus próprios erros, na senda perversa do crime! Que Deus nos ajude a promover não apenas a cura de suas enfermidades espirituais, mas que nos dê força para auxiliá-lo em sua cura interior!"

Enquanto Luana pedia fervorosamente à Providência em favor do genitor, uma delicada chuva de flocos luminosos, como em resposta aos seus apelos íntimos, inundou aquele singelo ambiente hospitalar, tocando suavemente a superfície do enfermo no leito. Naquele momento, Luana testemunhou uma delicada manifestação da Espiritualidade Maior, como se estivesse atendendo à prece da jovem em demonstração da grande misericórdia da Providência em favor dos dois desditosos lá presentes.

Nesse instante, Orestes, que, até então, não demonstrara qualquer sinal de despertamento apesar das semanas de internamento, abriu os olhos ligeiramente, como se despertasse de um profundo sono reparador, enquanto sussurrava em tom quase inaudível:

— Minha amada Luana, perdoe os crimes deste pai cruel que fui... perdoe, filha querida, minha inconsequência...

Ao ouvir tais palavras, lágrimas escorreram pela face de Luana, que beijou delicadamente cada uma das mãos do pai, enquanto sussurrava emocionada e agradecida:

— Pai, nada tenho a perdoá-lo. Aqui estamos juntos novamente, e sua recuperação é a única coisa que me importa. Deus seja louvado pelo seu despertar!

*** 

Matilde, moça de origem extremamente humilde, órfã, foi alfabetizada na adolescência no orfanato carioca Abrigo

Maria Imaculada, de onde saiu aos 17 anos para trabalhar como criada em casas de famílias ricas no estado do Rio de Janeiro. Acabou sendo recomendada a Consuelo por se tratar de moça honesta e dotada de ótimas referências, para prestar serviços domésticos e servir de dama de companhia à jovem patroa, igualmente órfã.

Durante o alargado período em que laborou em uma das residências pertencentes à ilustre família residente na capital do Rio de Janeiro, Matilde teve conhecimento de uma nova doutrina conhecida por "Espiritismo", que contava com muitos simpatizantes já naquela época, e passou a assistir, com o consentimento dos patrões, a reuniões íntimas, familiares, conhecidas como "O Evangelho no Lar", em que eram lidos trechos da obra *O Evangelho Segundo o Espiritismo*. Nessas ocasiões, eram tecidos comentários a respeito do texto lido e realizadas sentidas preces, que, segundo os frequentadores das reuniões, favoreciam a harmonia do ambiente familiar e auxiliavam no conhecimento do teor daquela doutrina.

Como se interessara pelo conteúdo dos textos lidos naquelas edificantes reuniões familiares, Matilde teve acesso às obras cedidas pelos patrões e passou a estudar o espiritismo atentamente para encontrar respostas para suas numerosas dúvidas de cunho espiritual, que nunca foram respondidas pela religião católica, na qual fora introduzida no orfanato onde vivera durante toda a sua infância e adolescência.

Considerando extremamente pertinentes os ensinamentos divulgados pela doutrina codificada por Allan Kardec, Matilde, ante a rigidez dos princípios daquela década, adotou secretamente o espiritismo, aceitando integralmente os conceitos de caridade e amor ao próximo, divulgados nas belas obras a que tivera acesso, e, assim, passou a dedicar seu tempo livre ao estudo das obras basilares e de outras complementares, visando aprofundar seu desejo de conhecimento espiritual.

Naquela manhã domingueira, de sol a pino, Consuelo recusava-se mais uma vez a levantar-se do leito, apesar da insistência da gentil Matilde, que observava com preocupação a prostração da jovem, em claro estado de desânimo e tristeza profunda.

— Patroa, são quase dez horas da manhã, e a bandeja com o jantar de ontem está intocada. A senhora precisa se alimentar! Preparei um desjejum adequado para seu estado de saúde.

— Não tenho fome, Matilde... por favor, não me aborreça com tais cuidados! Deixe-me só com meus pensamentos! — respondeu, rudemente, Consuelo, num tom de voz quase inaudível em razão da fraqueza.

Matilde, então, sem proferir palavra, depositou a bandeja sobre um criado-mudo ao lado da cama e retirou-se, visivelmente preocupada.

As horas passaram-se rapidamente pela manhã, e, embora ciente da situação delicada da patroa, Matilde não ousou ingressar novamente no quarto de Consuelo. A jovem enferma, por sua vez, tampouco saíra de seus aposentos, o que era motivo de preocupação para criada, que, já há alguns dias, passou a imaginar a possibilidade de a patroa morrer de inanição ou tentar qualquer ato tresloucado contra si.

Sentada na copa, Matilde meditava sobre quais atitudes poderia tomar para auxiliar a patroa doente. Dias antes, solicitara a presença de um médico para atender a enferma em sua residência, e, na ocasião, o profissional diagnosticou apenas e tão somente "mera doença dos nervos" e prescreveu uma medicação que em nada estava auxiliando na cura de Consuelo.

Depois de preparar o almoço, que naquele dia consistia em um substancioso cozido de carne e legumes — único alimento que, de vez em quando, Consuelo aceitava —, Matilde foi assaltada por um pensamento animador enquanto arrumava a bandeja que levaria, logo mais, com a refeição:

"Há muito tempo não vejo minha patroa fazer nada, além de se manter isolada naquele quarto escuro. Nem o hábito da leitura, coisa de que tanto gosta, ela mantém mais. E seu eu apresentasse à pobrezinha algo novo para ela se entreter e que lhe trouxesse algum alento?"

Sem demora, Matilde arrumou a bandeja com o farto almoço, acomodou ao lado da nutritiva refeição um exemplar da obra *O Livro dos Espíritos* e dirigiu-se apressadamente ao quarto da jovem enferma.

Postada diante do limiar da porta, Matilde bateu e disse em tom audível:

— Patroa, trouxe seu almoço! Posso entrar?

Sem esperar resposta e preocupada com a condição de saúde da jovem, Matilde entrou no quarto e encontrou Consuelo desmaiada ao lado do leito, extremamente pálida.

Matilde desesperou-se e, depois de depositar rapidamente a bandeja sobre a penteadeira da jovem, ajoelhou-se ao lado da enferma, cuja pele fria e macilenta lembrava sem dificuldade um cadáver.

— Patroa, patroa, acorde pelo amor de Deus! — gritava Matilde desesperada. A moça jogou na face da desfalecida um copo de água, que estava posicionado ao lado do leito.

Atordoada, Consuelo acordou e disse, aos prantos, assustada:

— Matilde, tentei levantar-me do leito e caí desfalecida! Não sei mais o que faço de mim mesma! Quero morrer, abandonar esta vida miserável que tenho levado!

Enquanto pronunciava tais palavras de desesperança, Matilde, sem dificuldade e já mais calma, posicionou o corpo leve da jovem no leito.

Após acomodar a patroa, Matilde mencionou, determinada:

— Minha cara senhora, enquanto estiver a seu serviço, não a deixarei morrer de inanição! — disse a criada, enquanto colocava na boca de Consuelo uma boa colherada da refeição substanciosa que lhe trouxera.

Matilde não deu tempo a Consuelo para reclamar e fê-la comer a contragosto toda refeição servida.

— Senhora, eu a vejo muito isolada e cada dia mais enfermiça. Como sei que aprecia uma boa leitura, trouxe-lhe uma obra que poderá despertar seu interesse.

Consuelo, já agradecida pelo esforço homérico da criada em fazer-lhe alimentar-se, recebeu constrangida e com curiosidade a obra intitulada *O Livro dos Espíritos*, que a jovem lhe estava ofertando, e respondeu em tom quase inaudível:

— Obrigada, meu anjo, por tudo o que me tem feito e por seu esforço em tentar me fazer curada. Começarei a ler agora mesmo sua generosa oferta.

Satisfeita e intimamente alegre pela patroa, Matilde saiu da alcova, esperando que, dali por diante, ela encontrasse um novo sentido à própria vida.

# CAPÍTULO 18

Paulatinamente, Orestes restabeleceu-se e, muito embora ainda sofresse fortemente as consequências do desencarne doloroso e cruel que sua conduta pessoal, acima de todas as circunstâncias, provocara para si, o antigo magnata impiedoso procurava, a duras penas, adaptar-se à rotina austera e laboriosa da Raio de Luz.

Caminhando com dificuldade e sentindo diversos incômodos dolorosos por todo o seu corpo espiritual — e ainda que não pudesse desenvolver pessoalmente tarefas de auxílio direto na Colônia em razão das sequelas recentes do seu desencarne, visto que, a depender do quão traumático é o processo de desenlace material, os efeitos deletérios do ocorrido demoram mais ou menos tempo para desaparecer —, Orestes procurava integrar-se às atividades de estudo e orientação daquela estância abençoada de recuperação, onde se achava recolhido no Hospital Esperança dos Sofredores.

O enfermo contava com a presença constante da filha Luana e de Regina, sua companheira de vida na Terra, que o visitava rotineiramente. Não era autorizado aos recém-desencarnados em circunstâncias trágicas, tais como Orestes, transitarem livremente entre os demais integrantes da colônia, uma vez que ainda se encontravam em situação de desequilíbrio e poderiam causar distúrbios indesejáveis aos demais.

Naquele dia ensolarado, após assistir no auditório do hospital a uma proveitosa palestra que versava sobre a necessidade de perdoarmos uns aos outros, Orestes sentou-se a observar, em um delicioso recanto bucólico, os demais pacientes internos.

Uns, acompanhados de amigos e familiares, conservavam a lucidez e transitavam pelos jardins, conversando entre si. Outros, no entanto, demonstravam de longe que se encontravam em um doloroso estado de perturbação mental. Uns falavam sozinhos, outros golpeavam o ar como se estivessem em combate com adversários invisíveis, e outros ainda riam exageradamente. Era penoso observar o estado de tais pacientes.

Por mais que Orestes reconhecesse o tratamento digno e profundamente amoroso ao qual era submetido, via-se que o Hospital Esperança dos Sofredores se tratava de um verdadeiro hospital psiquiátrico e que os pacientes apresentavam delicadas enfermidades espirituais que repercutiam na esfera mental.

Sem se aperceber da presença de Regina, que se sentara silenciosamente ao seu lado, Orestes tomou com surpresa e alegria a presença amiga, companheira de outrora, e disse:

— Minha amada Regina, sei que tenho dado muito trabalho a você e à minha querida filha Luana e que sou pouco merecedor do amor com o qual tenho sido tratado, contudo, vendo-a aqui ao meu lado, neste belíssimo dia de sol, enche-me o peito de saudade de nós dois, quando ainda gozávamos da existência terrena. Penso que poderíamos, quem sabe, ser muito mais felizes juntos do que fomos um dia.

Nesse momento, Orestes segurou a mão direita de Regina, que, em resposta, beijou delicadamente a mão do marido de outrora e disse:

— Caro companheiro de tantas lutas terrestres, você sabe do imenso amor que lhe devota meu coração de esposa de outrora e mãe da linda filha que a Espiritualidade Maior nos concedeu... Você me deu muito em nossa última jornada juntos, contudo, somos muito diferentes hoje. O amor também amadurece com o tempo e purifica-se com a evolução moral do espírito em constante processo de burilamento íntimo. Hoje, o amor que sinto por você, meu querido irmão de tantas caminhadas, é ainda maior do que aquele da consorte de outrora. O sentimento cresceu e depurou-se comigo. E não como a esposa de antes, mas como a irmã de hoje, desejo conservá-lo ao meu lado, amando-o ainda mais como espírito afim, devotado, sem, contudo, exercer o papel da esposa do passado, pois tal ligação não nos convém mais em nossas trajetórias pessoais em busca da ascensão espiritual.

Após uma silenciosa pausa, Orestes ajuntou:

— Tenho consciência de que, minha cara Regina — e tal certeza me fere profundamente —, não fui o marido que você merecia e tampouco fui o pai que deveria ter sido, mas sou profundamente grato por tê-la aqui ao meu lado, ao lado deste homem criminoso, enfermo e depauperado, apesar dos erros terríveis que cometi. Só Deus pode mensurar o tamanho da gratidão que sinto por ter tido a oportunidade de desfrutar do seu imenso carinho no passado e hoje, no presente. Não posso desejar mais do que isso.

Regina alegrou-se intimamente pelo progresso moral do companheiro do passado, que admitiu, sem egoísmo, a nova realidade entre os dois.

Ela sabia que Orestes estava pronto para aceitar que os dois já não eram mais um casal e que, dali por diante, ele seguiria outra jornada, uma jornada bem diversa, e que em breve caberia somente a Regina a incumbência de revelar-lhe a nova missão redentora.

\*\*\*

Sem palavras ou qualquer aviso prévio, o horrendo carcereiro das trevas retirou Amparo-loba da cela em que ela estava compulsoriamente enfurnada.

O terrível capataz das sombras nada disse para a prisioneira e, portando uma grossa corrente entre as mãos, que atrelara rapidamente ao pescoço da prisioneira tal como se fosse uma fera, ele arrastou-a como a um cão raivoso para fora do tenebroso compartimento de dor e sofrimento e pelos corredores escuros da Irmãos de Caim.

Naquele momento, tal era o grau de insanidade e terror da prisioneira transmutada em animalesca forma que Amparo nada disse; ela apenas gemia fracamente, sem forças para tentar qualquer ato de resistência.

Amparo foi levada para um recinto que lembrava uma sala hospitalar, e lá a aguardavam três estranhas figuras pálidas e enigmáticas. Todas trajavam avental, luvas e máscaras, como se estivessem preparados para um delicado procedimento cirúrgico.

Sem esboçar qualquer reação, Amparo foi conduzida ao recinto parcamente iluminado por velas pelo terrível carcereiro, que depositou a corrente que colocara no pescoço de Amparo nas mãos de um indivíduo que lembrava um médico terrestre, embora ostentasse uma aparência extremamente sombria.

Silencioso, ele retirou o pesado artefato do pescoço da prisioneira e, auxiliado por uma espécie de enfermeira, acomodou cuidadosamente a cativa transmutada em loba no leito cirúrgico previamente preparado, ocasião em que amarrou firmemente as quatro patas da animalesca criatura e lhe deu as costas para organizar meticulosamente uma bandeja na qual se viam diversos instrumentos perfurantes.

Apesar do estado de alienação profunda, Amparo manteve uma postura resignada, como se já soubesse de antemão que qualquer gesto de desespero seria inútil diante do sofrimento inenarrável que a aguardava.

Virando-se novamente em direção à prisioneira, o médico portava um afiadíssimo instrumento que se assemelhava perfeitamente a um bisturi terrestre. Duas auxiliares, que lembravam enfermeiras terrestres, ladeavam Amparo no leito.

Aproximando-se do ventre da infeliz, o médico fez um extenso corte longitudinal no abdômen inferior de Amparo, ocasião em que a infeliz criatura torturada soltou um tenebroso grito de desespero. Do corte foi expelida aos borbotões uma grossa substância negra e fétida, enquanto ela gritava loucamente.

Muito embora já não houvesse um corpo físico em razão do desencarne de Amparo, o perispírito corresponde às exatas características do corpo humano, especialmente entre aqueles que possuem baixíssimo padrão vibratório. Feridas, sangue e vísceras são "ocorrências" comuns entre aqueles que habitam o umbral.

Sem pressa e já fazendo uso de ambas as mãos enluvadas e introduzidas no ventre da torturada, o médico arrancou abruptamente o útero, as trompas, os ovários e as vísceras correlatas de Amparo, que foram depositados em uma bacia imunda ao lado da maca.

Em seguida, após a retirada de todos os órgãos pertinentes ao aparelho reprodutivo da infeliz, o vácuo que restou no abdômen de Amparo foi preenchido com uma terrível substância negra empastada de miasmas deletérios para que repercutissem gravemente no centro genésico[16] da criminosa torturada, que foi costurada lentamente pelo médico das sombras.

Amparo passara por um cruel procedimento de cunho obsessivo que lembrava uma histerectomia[17] terrestre. Em um estrito atendimento à ordem prolatada por Azaziel, a tríade

---

16  Chacra localizado no perispírito, responsável pelo controle das funções sexuais e reprodutivas do indivíduo.

17  Termo médico que designa a retirada do útero e, quando necessário, são removidos em tais procedimentos outros órgãos pertinentes ao aparelho reprodutivo, tais como ovários e trompas de falópio.

das sombras — habilidosos obsessores especializados em procedimentos cirúrgicos que visam a desestruturar terrivelmente o perispírito de suas vítimas — executou um comando para destruir o centro genésico da infeliz prisioneira, a fim de que ela, em existências vindouras, perdesse por completo a capacidade reprodutiva, que só poderia ser restituída após diversas existências de intenso sofrimento.

Amparo fora submetida a um processo que desestruturou totalmente seu centro genésico como parte do terrível sofrimento que a Irmãos de Caim lhe impunha.

Após a sutura, Amparo fora devolvida, inconsciente, à enorme cela que ocupava com as demais prisioneiras, e, dali por diante, a tortura imposta por seus perseguidores não se limitaria apenas ao período em que se encontrasse na erraticidade.

As consequências da vingança em andamento se estenderiam por diversas encarnações, já que Amparo amargaria, dali por diante, a esterilidade como semeadura majorada por aquela organização umbralina em consequência de sua conduta cruel e desumana, ao exercer a profissão de ceifar vidas no nascedouro.

Após ser levada inconsciente de volta à cela, a infeliz prisioneira foi jogada em um canto escuro e lodoso, onde permaneceu imóvel, absolutamente alienada, em uma latente demonstração da precariedade do seu psiquismo desequilibrado. Reduzida à condição de loba, mutilada, Amparo amargava as consequências nefastas de seus inúmeros e gravíssimos erros.

***

Consuelo devorara avidamente *O Livro dos Espíritos* cedido por Matilde, sua fiel amiga e dama de companhia, e, imediatamente após a leitura do primeiro livro, solicitou que a amiga lhe confiasse outras obras doutrinárias.

A jovem e rica órfã sentiu que a leitura dos volumes que compunham o chamado pentateuco kardequiano, segundo lhe explicara Matilde, lhe abrira horizontes jamais pensados. Em paralelo, a moça percebera também que, de certo modo e, paulatinamente, as forças estavam lhe sendo restituídas. Ela retomara a vontade de alimentar-se adequadamente, e a face da jovem, ligeiramente cadavérica em razão da magreza excessiva, já se mostrava mais corada e viva.

No curto espaço de poucas semanas, Consuelo sentia que estava recuperando a vontade de viver. Dera-lhe ânimo a nova ideia de que a vida não se encerrava com o advento da morte e que, após o perecimento do corpo, o espírito prosseguia em sua jornada evolutiva. Tais conceitos propiciaram à moça um alento que ela jamais esperava encontrar na novidade chamada Doutrina Espírita.

Além do seu estado de ânimo visivelmente renovado, Consuelo retomou seus prazerosos passeios à beira-mar, ocasiões em que aproveitava para fazer sentidas preces — hábito que nunca tivera ao longo da vida e cuja importância fora largamente demonstrada nas obras que estudara por meio do incentivo de Matilde.

Numa dessas manhãs em que caminhava à beira-mar para refazer-se do doloroso período de prostração que passara, Consuelo, sem saber, era acompanhada por Regina, que inspirava a órfã para que procurasse desenvolver atividades em favor do próximo.

Ao lado de Consuelo, Regina, caridosa e insistente, tecia mentalmente longos monólogos a respeito da importância da prática da caridade, a fim de que a jovem captasse o teor de suas sugestões e empreendesse uma importante conduta que poderia beneficiá-la grandemente e em breve.

Assim, influenciada pela persistente desencarnada, que a acompanhava naquele instante de reflexão, Consuelo pensou enquanto caminhava à beira-mar: "Já que tenho tanto tempo livre, por que não seguir a recomendação da doutrina espírita e doar um pouco em favor do próximo? Por que não fazer essa experiência? Mas... eu nem ao menos sei por onde começar!".

Antes de Consuelo terminar a reflexão, Regina captou os pensamentos da moça e respondeu-lhe, quase como num satisfeito gracejo: "Quando o trabalhador está pronto, o serviço adequado aparece[18]".

Decidida a conferir sentido à sua existência de ócio, Consuelo, contemplativa, observava a linha do horizonte e o grandioso mar da praia de Copacabana, cujas ondas quebravam interminavelmente na areia alva sobre a qual caminhava naquele momento idílico, e pensava: "Se a Providência criou a rebentação de mar com alguma finalidade útil para tão além do deleite humano, minha própria existência deve ter também um papel importante nessa imensa e complexa engrenagem que é a humanidade. Não posso e não quero mais viver inutilmente. Que seja feita a vontade do Pai! Ele me mostrará o caminho".

E assim, reflexiva e confiante, Consuelo resolveu para seu próprio bem mudar definitivamente o rumo de sua vida.

---

[18] Famosa expressão contida na obra *Nosso Lar* de autoria de André Luiz e psicografada por Francisco Cândido Xavier. Muito embora tal expressão conste naquela narrativa, de certo, já era bem conhecida na espiritualidade, cuja menção aqui foi inspirada à autora.

# CAPÍTULO 19

Indignados com a mudança de postura de Consuelo, Antero e Lêonidas sentiam-se revoltados e impotentes, já que a simples leitura interessada das obras codificadas pelo tal Allan Kardec — conforme os informara seus comparsas da Irmãos de Caim — motivava, por si só, a elevação do padrão vibratório do encarnado, que, além de ler as obras, passava a refletir sobre os ensinamentos revelados e resolvia, por fim, colocá-los em prática.

Quando os irmãos obsessores conseguiram alquebrar Consuelo a ponto de deixá-la acamada, imaginaram que já haviam conquistado a vitória. Eles, contudo, nada puderam fazer em desfavor de Matilde, que não sintonizava na faixa vibratória em que estavam imersos e que, sugestionada por aqueles que queriam libertar a jovem infeliz do assédio dos obsessores, conseguiram colocá-la em contato com a "famigerada" doutrina espírita, tal como era propagado na organização umbralina à qual estavam filiados. Ao menos naquele momento, Consuelo estava fora do alcance de seus inconformados perseguidores.

Obstados de influenciar os pensamentos de Consuelo ao ponto de não conseguirem mais ingressar no interior do imóvel onde a jovem residia — em que já estava sendo praticado, semanalmente e por incentivo de Matilde, o evangelho no lar —, Leônidas e Antero retornaram espavoridos até a sede da Irmãos de Caim em busca de Anacleto. Os dois irmãos tinham o intuito de cobrar-lhe a resolução do grave empecilho à conclusão dos seus terríveis intentos em desfavor de Consuelo.

Assim, depois de localizarem o aliciador nos átrios da sede da organização, os irmãos questionaram:

— Caro Anacleto, poderia nos dar um minuto do seu tempo? — solicitou Antero.

— Pois não? — respondeu, entre solícito e desconfiado, o aliciador.

— Estamos enfrentando um grave empecilho em relação à nossa perseguida: ela resolveu estudar a tal da doutrina dos espíritos e anda praticando o evangelho no lar. Está completamente inacessível a nós! Nem sequer conseguimos entrar no imóvel onde ela reside! É um absurdo! Exigimos que vocês resolvam rapidamente o problema! — disse o obsessor.

Imperturbável, Anacleto respondeu:

— Veja bem, meu caro, nós somos uma entidade séria e comprometida com os nossos filiados e em momento algum negamos apoio quando somos solicitados por vocês ou por qualquer um dos nossos membros, todavia, no momento em que o alvo da perseguição descobre a praga do espiritismo, a situação se torna muito mais complexa de ser resolvida. E, pelo que vejo, vocês foram bastante auxiliados até o presente momento, mas não nos deram nenhum retorno ou contrapartida que justifique mais intervenções no caso.

Entendendo nitidamente a mensagem, Leônidas interviu:

— Afinal, o que vocês querem de nós para nos ajudar a nos livrar desse problema que está obstando o êxito dessa empreitada? Nós queremos justiça a todo custo!

Simples e direto, Anacleto respondeu:

— É preciso que vocês trabalhem para nós e nossos projetos para obterem maior suporte. A única coisa que vocês possuem, e que nos interessam, é a força de trabalho.

Precisamos que paguem pelos nossos serviços com labor. Estão dispostos?

— Faremos qualquer coisa. Nosso desejo de vingança não tem limites! — respondeu Leônidas rapidamente.

Sem mais delongas, Anacleto respondeu a ambos:

— Me acompanhem. Era só isso que eu precisava ouvir de vocês. Vamos logo!

Apressados, os irmãos obsessores caminharam rapidamente atrás de Anacleto, que os conduziu ao local onde iriam começar a retribuir os serviços prestados pela Irmãos de Caim, que não fazia absolutamente nada de graça para seus filiados.

Cegos pelo ódio, Leônidas e Antero não sabiam, mas o preço a ser pago seria muito mais alto do que eles poderiam suspeitar.

*** 

Virgílio habituara-se rapidamente à rotina de esforço e disciplina rumo à conclusão do tão almejado curso de Medicina. Muito embora se tratasse de um jovem belo e dedicado aos afazeres numerosos demandados por sua laboriosa vida de estudos, ele nunca mais foi o mesmo após a morte de sua amada Luana.

O lazer ocupava um espaço diminuto no cotidiano de Virgílio, que, quando muito, retornava periodicamente à sua cidade natal para visitar os pais, que, esperançosos, aguardavam o retorno definitivo do filho ao seio do lar.

Intimamente, no entanto, o jovem estudante de Medicina não tencionava retornar à sua cidade natal quando concluísse os estudos, pois tudo no lugar onde nascera remetia à sua amada, morta precocemente e sem qualquer explicação plausível que lhe satisfizesse o inconformismo.

Todos os dias, Virgílio pensava em Luana ao dormir, ao levantar-se, ou até mesmo quando, ocupando a carteira que lhe era destinada na sala de aula, se recordava dos olhares que trocavam no Colégio São Bento e, em especial, dos encontros às escondidas. Não havia um único dia em que ele não se lembrasse com amargura da família que não conseguira construir com sua amada.

Entretanto, apesar da postura extremamente saudosista, Virgílio esforçava-se para combater qualquer sentimento de esmorecimento ou desânimo que afetasse seu desempenho na faculdade.

Lutando dia após dia contra a tristeza que volta e meia lhe permeava os pensamentos, especialmente aos fins de semana, quando se permitia abandonar temporariamente a lide cotidiana para repor as energias por meio do descanso restaurador, Virgílio resolveu, em definitivo, não se deixar abater pelos infortúnios ainda não superados.

Certa feita, quase como uma bênção divina, o rapaz, com alegria e surpresa, recebeu do seu professor de anatomia a incumbência de estagiar na Santa Casa da Misericórdia do Rio de Janeiro[19].

Fazia parte da grade curricular da disciplina de anatomia, ministrada pelo professor José Antônio Oliveira, que os alunos, uma vez por semana, aos sábados e sob sua orientação direta, tivessem a oportunidade de assistir a diversos procedimentos cirúrgicos que eram realizados naquela renomada instituição médica, a fim de consolidarem seus conhecimentos a respeito da matéria. Assim, Virgílio e seus colegas de classe foram orientados a comparecer na Santa Casa da Misericórdia portando seus documentos pessoais, para registrarem-se como alunos observadores sob a tutela do doutor José Antônio.

---

19  Considerada o primeiro hospital carioca, a Santa Casa da Misericórdia do Rio de Janeiro teria sido fundada, segundo estudiosos, pelo padre José Anchieta no ano de 1582.

No dia seguinte, Virgílio partiu para a instituição médica, animado com a possibilidade de vivenciar a rotina da profissão que estava se preparando para exercer. O rapaz, contudo, desconhecia que, em breve, o estágio na Santa Casa lhe traria muito além do que o conhecimento prático para o exercício da Medicina.

\*\*\*

Azaziel lutava ferrenhamente contra a lei de atração, que o compelia ao retorno à seara terrestre. Em termos cronológicos, ele furtava-se ao reencarne havia séculos, todavia, sabia que mais cedo ou mais tarde nada poderia livrá-lo de responder aos crimes que cometera enquanto encarnado e, em especial, na erraticidade.

Intimamente, Azaziel sentia que o momento de retornar à lide reencarnatória se aproximava e, em razão disso, já se programava em conluio com seus párias de crimes para que seus planos funestos de vingança e poder não sucumbissem com seu possível e breve retorno ao cárcere do corpo físico. O antigo e cruel abade do Convento de San Bernadino preparava-se com antecedência ao acontecimento funesto que se avizinhava e do qual não mais poderia se furtar.

Naquele momento, tudo já estava planejado. Todo o seu séquito aguardava de sobreaviso, apenas esperando o momento em que ele lhes daria as ordens finais. O obsessor pretendia continuar no comando da Irmãos de Caim, mesmo quando estivesse ligado ao corpo físico, nos instantes do sono reparador.

Contudo, para que seus planos funestos pudessem ter andamento satisfatório, Azaziel acreditava necessitar de auxiliares desencarnados que o servissem diretamente, lado a lado, enquanto estivesse na carne. Ele desejava a presença contínua de diletos servos das sombras ao seu lado, diuturnamente, para que, enquanto estivesse jungido ao corpo físico e nos momentos de desprendimento, o recordassem de seus compromissos de cunho umbralino, bem como, sempre que possível, o encaminhassem à sede da Irmãos de Caim.

O hábil juiz das sombras, contudo, sabia da fragilidade dos seus planos e que diversos fatores podiam obstar que ele continuasse vinculado à Irmãos de Caim enquanto estivesse no corpo físico. Como se não bastassem tais obstáculos, era necessário encontrar dois espíritos que aceitassem se manter constantemente vinculados a ele e, sobretudo, que estivessem dispostos a servi-lo integralmente, missão que não era fácil de ser levada a termo, uma vez que a organização dispunha de diversos seguidores fiéis e, igualmente, devedores. Poucos se dispunham a assisti-lo tão devotadamente, afastando-se, inclusive, da execução de seus próprios planos de vingança em andamento.

Sentado em sua enorme e luxuosa poltrona negra, Azaziel refletia sobre tais questões delicadas, quando foi surpreendido pela presença de Anacleto, que bateu levemente na porta e foi anunciado pelo serviçal de alcova:

— Mestre, o senhor Anacleto deseja um momento do seu tempo. Diz que tem a tratar um assunto de seu extremo interesse.

Devidamente autorizado por um expressivo meneio de cabeça, o serviçal permitiu a entrada do asseclã no recinto.

Após ingressar nos aposentos do grande mestre, Anacleto disse, sem rodeios:

— Senhor, atendendo ao seu pedido, localizei dois filiados que podem servir aos seus interesses de modo satisfatório.

Azaziel continuou sentado em sua poltrona e, sem virar-se para o visitante que estava postado atrás de si, ordenou:

— Mande-os entrar.

Depois de serem anunciados, Leônidas e Antero, silenciosos e desconfiados, entraram no recinto e nada disseram.

Azaziel levantou-se da poltrona, dirigiu-se aos visitantes e, desprovido intencionalmente de suas vestes ritualísticas e da aparência macabra, cumprimentou-os:

— Meus caros confrades, tenho uma missão especialíssima para vocês: a glória de servir ao seu mestre. Não ousem recusar.

# CAPÍTULO 20

Revezando-se entre os cuidados com o pai ainda enfermo e as atividades que desenvolvia disciplinadamente na Raio de Luz, Luana resignou-se ante a impossibilidade de permanecer ao lado do seu amado Virgílio naquele momento.

Muito embora ainda amargasse intimamente a dor da saudade e da separação precoce, a jovem procurava manter-se ocupada com as diversas tarefas em que estava engajada e, quando Regina a informou dos eventos futuros que estavam programados para a existência do seu, outrora, desditoso companheiro de infortúnios, Luana, vez por outra, permitia-se deixar que singelas lágrimas escorressem por seu rosto a lembrar-lhe de sua natureza humana ainda carente de melhor entendimento espiritual das leis que regem a vida nos dois planos.

Após solicitação procedida no setor responsável, foi permitido a Luana fazer uma última visita ao seu amado antes que ele seguisse o fluxo dos acontecimentos que o distanciariam ainda mais do vínculo afetivo que haviam construído por meio da paixão inconsequente e, principalmente, da dor superlativa.

Reencontrando finalmente o amado após seu desencarne trágico, Luana desejava despedir-se, sabendo que os caminhos de ambos iriam, em breve, seguir rotas distintas.

Após o trajeto entre a Raio de Luz e a entrada da pensão estudantil onde Virgílio residia, Regina disse:

— Filha, vim acompanhá-la, mas desejo que esse momento seja somente seu. Vá e tenha fé em Deus. Saiba que somente o que é melhor para cada um de nós está reservado pela Providência. Eu a espero aqui fora.

Sem conseguir conter a emoção e encontrar palavras que pudessem definir seu sentimento naquele indelével momento, Luana, resignada, adentrou o imóvel e rapidamente dirigiu-se ao pequeno quarto ocupado por Virgílio.

Enquanto o corpo físico do rapaz repousava no leito, o espírito mantinha-se em pé na alcova, já previamente avisado por seus mentores da visita que receberia em estado de desprendimento.

Ao notar a presença da amada no recinto, Virgílio estreitou-a entre os braços, encostando a cabeça no ombro de Luana, ocasião em que sentidas lágrimas rolaram pela face de ambos.

Imediatamente, todo o recinto foi iluminado por uma delicada e resplandecente luz que parecia jorrar do teto, inundando inteiramente o quarto.

Sem conter a emoção e ainda em lágrimas, Virgílio disse:

— Minha querida, pensei que a havia perdido para sempre, e, no entanto, aqui estamos nós! Oh, Deus, quantas vezes desejei revê-la uma vez mais!

— Luz dos meus olhos, aqui estou para dizer-lhe que, apesar de tudo, ainda o amo e para dar-lhe o abraço que nos foi negado. Estou aqui para vê-lo por um instante, sabendo que nossos caminhos não se cruzarão mais na seara terrestre. Você tem uma missão a cumprir e sabe bem disso. E eu, a meu turno, tenho ainda minha dura jornada a percorrer. Vim para dizer-lhe que, onde quer que esteja, meu coração estará ligado ao seu, pois o amor não perece com o corpo físico. A dor e a separação que nos foram impostas, longe de arrefecer o doce sentimento que nos une, semeou dentro de nossos espíritos um vínculo que não será rompido, apesar da aparente distância que nos limita. Saiba que acompanharei seus sucessos. Viva e seja feliz, e, quem sabe um dia, a misericórdia do Criador nos permita concretizar o sonho de permanecermos juntos onde a matéria não nos possa subjugar.

Entre lágrimas, Luana estreitou Virgílio ainda mais entre seus braços. O jovem sabia que se tratava de uma despedida e nada disse. Docemente, ele limitou-se a beijar os lábios de sua amada.

Luana, então, segurou entre a mão direita do amado e conduziu-o, silenciosa, ao corpo físico, que estava prestes a acordar.

Após se acomodar na roupagem carnal, Virgílio despertou de pronto, ligeiramente atordoado, sem se recordar dos momentos que vivera em estado de desprendimento.

"Será que estou ficando louco?", pensou, uma vez que tivera a clara impressão de ter sido despertado do sono por um delicado e inesquecível beijo na face.

***

Positivamente impressionada, Matilde notou a renovação íntima que a Doutrina Espírita provocara em sua jovem patroa. Tudo mudara na rotina das duas. A dama de companhia não necessitava mais levar as refeições até o leito de Consuelo, que as rejeitava terminantemente no auge de sua estranha enfermidade.

Agora, a jovem órfã alimentava-se bem e com apetite, fazendo suas refeições na sala de jantar em companhia da serviçal, que se tornara uma amiga inseparável.

Não se via mais a moça trancafiada em sua alcova, com ares de moribunda, face desfeita e pálida. Consuelo reassumira o controle de sua existência, e tal disposição de espírito alegrara Matilde, que percebera a importância do espiritismo na renovação moral e física da patroa.

Luana saiu para sua caminhada matinal à beira da praia, e Matilde começou a organizar pacientemente as roupas recém-lavadas e engomadas no guarda-roupa da patroa. De repente, ela recordou-se de que, recentemente, a Santa Casa da Misericórdia do Rio de Janeiro necessitava de voluntários na assistência de enfermos e pensou: "Nossa, assim que conseguir um tempo livre, irei à Santa Casa para me informar como posso me tornar voluntária. Não sei como encontrarei tempo vago, em virtude do estudo que estou fazendo das obras espíritas... mas, estão precisando tanto de voluntários lá. Vou fazer essa sugestão a Consuelo! Quem sabe ela não se interessa?".

Enquanto guardava tranquilamente as roupas no armário, Matilde, sem saber, era sugestionada por Regina, que lhe inspirou o pensamento em favor de Consuelo.

Regina, cuja filha fora morta precocemente em função de um aborto criminoso — procedimento no qual a própria Consuelo atuara como colaboradora —, estava bem ao lado de Matilde, rindo de modo gracioso e alegre por conseguir sugestionar a intenção almejada, ao tempo que notava o elevado padrão vibratório da moça que, facilmente, se permitia orientar pela espiritualidade benfazeja e que, sem saber, servia de instrumento útil e salutar aos propósitos da Providência.

Inundada de íntima satisfação, aquele nobilíssimo espírito percebia que a jovem Matilde era um verdadeiro exemplo prático do ditado: "Diga-me com quem tu andas que te direis quem tu és", uma vez que as pessoas atraem para si os espíritos que se afinam com sua conduta pessoal. As companhias espirituais amealhadas por nós são o espelho do nosso caráter.

A satisfação íntima e a alegria de Regina, manifestadas no momento da sugestão, para além do objetivo alcançado, também decorreram da percepção de que a humilde jovem Matilde se tratava de uma moça de conduta escorreita, honesta, detentora de elevado padrão vibratório e, por isso, facilmente servia de instrumento aos objetivos da Espiritualidade Maior em favor de seus entes queridos.

\*\*\*

Dia após dia, Orestes apresentava grande recuperação em seu estado geral e já se mostrava mais aberto às novas ideias com as quais passara a ter contato durante o período de convalescência na Raio de Luz.

Psicologicamente, o ex-magnata apresentava uma sensível evolução e, já fortalecido do ponto de vista emocional, via-se em condições de colaborar com pequenas tarefas de auxílio na Colônia que tão bem o acolhera.

Além de se inteirar de sua nova condição de desencarnado por meio de palestras e seminários que passara a frequentar, Orestes também foi convidado a atuar como assistente na enfermaria do Hospital Esperança dos Sofredores, onde passou a residir em acomodações para essa finalidade após o período de internamento e salutar convalescença.

Ao fim de mais um dia de proveitoso estudo e labor, Orestes recebeu em seus aposentos a agradável visita de Regina, que, adentrando o singelo cômodo, disse:

— Caro amigo, há espaço em sua morada para uma velha amiga que veio lhe trazer notícias de mudança?

— Regina, sabe bem que para você não há apenas espaço em minha humilde residência, mas meu coração inteiro está a seu dispor.

— Meu caro, agradeço o gracejo, mas confesso-lhe que o momento pedirá de você uma enorme coragem e disposição de espírito para enfrentar os desafios que virão — disse Regina, acomodando-se na poltrona oferecida por Orestes.

— Sei que as notícias que me traz não são as melhores, visto que os equívocos que cometi não me permitem nutrir grandes esperanças acerca do que está reservado para mim no futuro próximo, afinal, como leciona o dizer bíblico, ainda devo pagar o último ceitil.

— Bem sabe, caro amigo, que você foi meu companheiro por tantas desventuras terrestres e que, após minha partida para a pátria espiritual, sucumbiu ao abismo de grandes erros, que ceifaram cruelmente a vida de três entes queridos, entre eles sua própria filha.

Ao ouvir a menção aos crimes que cometera, Orestes, sem nada dizer, baixou a cabeça constrangido e amargurado.

— Contudo, desventurado irmão, aqui está, arrependido de seus equívocos. A Providência, por meio de seus tarefeiros, já designou a maneira de começar a resgatar suas faltas o mais brevemente possível.

Após uma ligeira pausa, Regina anunciou:

— Meu caro, você terá que reencarnar. Já está à sua espera a serva de Deus que anseia gerar uma nova vida, todavia, como também se trata de uma irmã profundamente endividada, tal como você, será preciso que ela sofra a dor e o sofrimento profundo do aborto espontâneo por duas vezes, a fim de expurgar, na lide da expiação, os crimes que praticou no pretérito. E você, por meio dessa mesma irmã em sofrimento, resgatará as dívidas contraídas com a Providência. A vida, que não será levada a termo por meio das gestações desventuradas, será a sua própria, em dolorosas tentativas de reencarne na esfera terrestre. Está disposto, para seu próprio bem, a aceitar as batalhas que virão?

Enquanto contava a Orestes o que o aguardava no futuro próximo, Regina segurava-lhe as mãos, e, por longos minutos, o antigo companheiro nada disse, enquanto processava intimamente as graves informações que lhe foram transmitidas.

Com o rosto transfigurado de emoção e entre soluços, o ex-magnata respondeu:

— Irmã, quem sou eu para me queixar da semeadura espinhosa que plantei em minha tortuosa jornada de erros?

Se é preciso experimentar em mim a dor que causei àqueles que impedi de retornar à seara terrestre, que seja feita a vontade do Pai. Que eu expie o mais rapidamente possível os crimes que cometi, pois anseio me livrar da pesada carga de culpa que carrego dentro de mim. Louvado seja Deus, que permitiu que eu tivesse a oportunidade de resgatar meus erros o mais brevemente possível.

Após um afetuoso abraço, confortada pela bela demonstração de resignação de Orestes, Regina disse:

— Acompanhe-me, irmão. Vamos rapidamente para o setor de Execução Reencarnatória. Celina, a irmã que o abrigará em seu ventre nas gestações desditosas, o aguarda, desprendida, a fim de que sejam apresentados um ao outro. O momento é de conhecimento mútuo, voltado para que você e sua futura genitora possam estreitar os laços. Vamos! É hora de nos apressarmos. Não há mais tempo a perder.

# CAPÍTULO 21

Consuelo, quando se dispunha a realizar suas caminhadas, retornava impreterivelmente à hora do almoço, que já a aguardava pronto à mesa. Matilde sempre se esmerava no trato da casa e nos cuidados com a jovem patroa, que, reiteradas vezes, lhe parecia um tanto quanto enigmática.

Naquela manhã ensolarada de domingo, Consuelo entrou em casa decidida a dar uma finalidade à sua existência e, logo após atravessar o limiar da porta, chamou:

— Matilde, minha querida, estive pensando com meus botões...

Aproximando-se, a jovem criada, respeitosa, perguntou:

— Pois não, minha senhora?

— Matilde, sabia que, depois que me apresentou à doutrina espírita, minhas disposições íntimas mudaram radicalmente? Eu me sinto outra pessoa, todavia, me vejo ainda levando uma existência sem finalidade, sem um propósito. Além de sua grata e dedicada simpatia, não tenho vida social nem amigos. Pode-se dizer que eu existo, mas não vivo.

— Não diga isso, minha senhora! Tem uma vida inteira pela frente, e, já que mencionou que sente não ter propósitos, hoje, pela manhã, enquanto eu fazia minhas atividades rotineiras, lembrei-me de que a Santa Casa está precisando de voluntários. A procura pela entidade é muito grande, pois o número de pacientes só aumenta e eles necessitam de mão de obra. Toda ajuda é bem-vinda. Por que a senhora não oferece seus préstimos?

— Matilde, suas palavras deram-me até calafrios! Enquanto caminhava, pensei justamente nisso: em prestar trabalho voluntário para dar sentido à minha existência vazia e despropositada. Parece que você adivinhou meu pensamento! — disse Consuelo, entre assombrada e alegre.

— Na verdade, senhora, acho que foi o próprio Pai Celeste que me inspirou a sugestão. Por que não vai lá amanhã, sem falta, fazer seu cadastro como voluntária? Apresse-se em servir ao próximo, afinal, não disse o Cristo que devemos amar a Deus sobre todas as coisas e ao próximo como a nós mesmos?

Ostentando um belo sorriso na face, Consuelo disse:

— Minha cara Matilde, o que seria de mim sem seus conselhos maravilhosos? Vamos almoçar lautamente, pois minha decisão já está tomada: amanhã, segunda-feira, irei me inscrever para ser voluntária na Santa Casa. Não tenho experiência, mas tenho duas mãos e muita disposição para auxiliar o próximo e mudar o rumo de minha vida. Quem sabe o que o futuro me reserva?

Rindo e gracejando, as duas mulheres dirigiram-se à mesa posta, alegres com as resoluções tomadas naquela ensolarada manhã domingueira.

***

Celina, moça humilde e trabalhadora, estava no sétimo mês incompleto de uma gestação extremamente dolorosa e conturbada do ponto de vista físico e, sobretudo, emocional.

Naquela tarde chuvosa, dores lancinantes despontavam do ventre intumescido da moça, o que a obrigou a recolher-se ao leito precocemente. Licurgo, o marido de Celina, encontrava-se ainda na lavoura, tentando salvar o que restara de uma plantação prejudicada pelo excesso de chuvas naquela primavera claramente atípica.

As leguminosas que restavam, de aparência pouco convidativa, prenunciavam um período de grande penúria para a pequena família, que residia, à custa de grandes esforços pela sobrevivência digna, em uma choupana honesta, porém, completamente desprovida de luxo.

Era da lavoura que o casal angariava o sustento da família, mas, em virtude de sua delicada condição, a gestante já não mais podia trabalhar. Era sua segunda gravidez, e Celina aguardava com ansiedade e preocupação o momento da chegada da criança tão esperada, pois ainda estava abalada com o fato de não ter conseguido levar a termo a primeira gestação, encerrada prematuramente em virtude de um doloroso aborto espontâneo, que aconteceu no sétimo mês.

Naquela tarde fria e chuvosa, Celina, sozinha em casa, não teve tempo nem qualquer possibilidade de pedir ajuda à vizinhança. Ao tentar levantar-se do leito, a moça, cambaleante, desabou no solo frio. Entre as pernas de Celina o sangue rubro jorrava aos borbotões, como a repetir quadro já vivenciado alhures, em circunstância idêntica.

A desventurada jovem tentou gritar por ajuda, com as forças que ainda lhe restavam, mas, de algum modo incompreensível, o ventre intumescido, por meio de dolorosos e infindáveis espasmos, parecia querer expulsar de dentro de si o feto ainda prematuro.

Celina tentou arrastar-se até a porta do quarto, mas já era tarde: entre gemidos quase inaudíveis, a hemorragia abundante e a dor superlativa do parto antecipado revelou-lhe entre as coxas sujas de sangue um feto natimorto, completamente arroxeado, que nasceu com o cordão umbilical enrolado em seu pequenino pescoço. A boca aberta em clara expressão de desespero demonstrava sofrimento e agonia no momento da morte.

Desesperada, a jovem arrebatou o pequenino feto do solo frio e, em lágrimas, segurou nos braços o bebê natimorto.

Repetira-se o pesadelo de outrora, e Celina, desventurada jovem que desejava se tornar mãe, fora vitimada pela segunda vez por um doloroso aborto espontâneo.

O sofrimento experimentado pela desventurada Celina configurou uma clara prova de que, no desenrolar das experiências redentoras a que são submetidos os espíritos encarnados, ninguém sofre injustamente.

A humilde lavradora, que fora designada para servir de veículo corpóreo para as duas existências uterinas frustradas de Orestes, também se tratava de um espírito seriamente comprometido com a prática do aborto criminoso e que, em recuada existência, rejeitara duramente a nobre missão da maternidade para gozar de uma luxuosa vida de licenciosidade. Assim, nesta existência de grandes privações, optara por submeter-se a tais infortúnios para expiar as faltas pretéritas.

A infalível lei de causa e efeito cumprira-se mais uma vez, e o outrora magnata Orestes experimentou, por meio da pobre jovem Celina, a terrível agonia do doloroso desencarne ocasionado pelo aborto.

***

Animado com o estágio na Santa Casa da Misericórdia, Virgílio mal conteve a ansiedade no dia anterior. O rapaz dormira tarde da noite pensando em tudo o que iria vivenciar dali por diante.

Aquela seria sua primeira experiência prática na seara médica e lidando justamente com pessoas mais necessitadas, que eram atendidas pela instituição. Finalmente, começaria a realizar seu maior sonho: fazer da Medicina instrumento de auxílio ao próximo.

No dia aprazado, o rapaz acordou mais cedo que de costume e, após lavar o rosto diante do espelho, escanhoou lentamente a bela barba cerrada de contornos quase perfeitos, que passara a adotar para não aparentar ser tão jovem quanto o era, no alto de seus 20 anos recém-completos.

Naquele momento em que iniciaria o exercício prático da Medicina, tudo parecia novo para Virgílio, que, após concluir sua esmiuçada toalete pessoal, seguido de um demorado banho frio, vestiu seus trajes sóbrios de estudante de poucos recursos.

Em virtude da nova atividade que iria desempenhar, Virgílio fez questão de adquirir um novo jaleco com as parcas economias de que dispunha, a fim de apresentar-se ao orientador de maneira impecável naquela manhã soturna e cinzenta de segunda-feira chuvosa.

Devidamente trajado e portando uma pequena maleta e um guarda-chuva, Virgílio saiu de casa rumo ao hospital debaixo de uma chuva torrencial, a despeito do esmero com o qual se preparara para o primeiro dia de estágio.

Após longos e terríveis minutos de caminhada sob a forte chuva que caía, Virgílio, completamente ensopado, ingressou nos átrios da Santa Casa da Misericórdia.

O jaleco branco de outrora, além de molhado, mostrava nódoas de lama na barra. Arrasado, porém, prevenido, o jovem rapaz sentou-se em uma poltrona situada na recepção, abriu a maleta que portava e tirou de dentro dela outro jaleco, surrado, que usava com frequência durante as aulas práticas na faculdade.

Enquanto trocava o traje completamente molhado na recepção do hospital, o jovem estudante de Medicina, distraído, não percebeu que se sentara na poltrona ao seu lado uma belíssima jovem, que aguardava a chuva cessar depois de se inscrever como voluntária na instituição.

Já devidamente vestido no velho traje de sempre e com o rosto desfeito de contrariedade, uma vez que tencionava se apresentar da melhor forma possível no primeiro dia de estágio e arrependendo-se de não ter pegado um bonde a fim de economizar os poucos trocados de que dispunha, Virgílio teve seus pensamentos interrompidos pelo comentário da jovem ao lado:

— Terrível temporal! Estou aguardando a chuva cessar para retornar para casa. Não pretendo pegar uma gripe caminhando debaixo desse dilúvio.

Ouvindo o comentário da moça, que parecia querer entabular um colóquio casual, Virgílio, contrafeito a princípio, não se sentia animado para prolongar o diálogo com a estranha.

No entanto, ao virar o rosto para responder à interlocutora, Virgílio surpreendeu-se com a beleza invulgar da jovem alta, esguia, de olhos âmbar, pele alva e lábios extremamente carnudos e vermelhos, que lhe sorria francamente.

O tímido estudante quase não foi capaz de proferir uma palavra, quando a jovem questionou:

— Olá, qual é sua graça? Me chamo Consuelo e vim me inscrever para ser voluntária neste hospital. Dizem que há muito o que fazer aqui em favor dos mais necessitados! — confidenciou a moça, demonstrando grande entusiasmo no olhar.

Virgílio, ligeiramente aturdido pela impressão que a bela interlocutora lhe causara, ajuntou:

— Bom dia, senhorita! Pode me chamar de Virgílio. Sou estudante de Medicina e estou aqui para estagiar. Hoje é meu primeiro dia, e estou aguardando a chegada do meu orientador.

— Que ótimo! Então, creio que seremos bons amigos. Nunca fiz nada parecido com esse trabalho que desenvolverei aqui, por isso, acredito que precisarei de orientação. Creio que já encontrei alguém para me dar boas sugestões. A bem dizer, achei a pessoa certa! — respondeu rindo a jovem Consuelo, divertida com o aparente desconcerto do rapaz.

Buscando prolongar o diálogo com a encantadora interlocutora, Virgílio perguntou:

— Pelo seu sotaque, vejo que não é nativa do Rio do Janeiro. Não responda, deixe que eu adivinhe. Nasceu em São Paulo, correto?

Divertida, Consuelo confirmou:

— Sim, sou paulistana. Minha mãe faleceu há pouco tempo e decidi me mudar de cidade. Vim procurar os bons ares cariocas e creio que fiz a escolha certa. Estou amando morar aqui. Fui muito bem acolhida por esta terra e peguei--me de amores pelas praias. Faço caminhadas todos os dias à beira-mar.

Quase sem raciocinar, o jovem estudante não perdeu a oportunidade e disparou:

— Então, posso lhe fazer o convite de caminharmos juntos algum dia? Também sou paulistano e minha família inteira ainda mora lá. Vim sozinho estudar na capital carioca e praticamente não tenho amizades. É possível?

O rapaz mal conseguia disfarçar a ansiedade na pergunta impulsiva, e Consuelo, embora tivesse mudado radicalmente a postura e deixado para trás a conduta promíscua de outrora, conservava perfeitamente intacto o instinto de mulher sedutora e perspicaz. Imediatamente percebendo a sutil investida do belíssimo rapaz ao seu lado, cujo porte chamara sua atenção, Consuelo não perdeu tempo:

— Não apenas lhe agradeço o pertinente convite, visto que tenho me sentido profundamente solitária depois da morte de minha mãe, como gostaria que o concretizássemos o mais breve possível. Começarei meu trabalho aqui amanhã e estarei livre no fim da tarde. Poderíamos sair para conversar à beira-mar, após o expediente. O que acha?

Os olhos de Virgílio cintilaram de expectativa, e ele não titubeou:

— Perfeito! Meu estágio é matutino, mas posso vir buscá-la para seguirmos juntos daqui. Será um imenso prazer estar em sua companhia.

Os dois trocaram mais algumas palavras amistosas, e, como o temporal cessara, Virgílio despediu-se de Consuelo depositando um delicado beijo na mão direita da moça, enquanto se inclinava e lhe mirava profundamente os belos olhos cor de âmbar.

***

Seduzidos pela promessa de vitória de seus intentos criminosos e aliciados por Azaziel, os irmãos abortados aceitaram a nefasta incumbência de assessorá-lo durante o processo de reencarnação compulsória[20], que o mestre das trevas intuía acontecer em breve, tendo em vista o intenso desgaste energético que vinha se intensificando, acompanhado de um forte torpor e de perda gradual da consciência, dia após dia, como se seu corpo espiritual estivesse sendo tomado de uma profunda fraqueza. Era uma espécie de segunda morte que se aproximava.

Não bastasse a incumbência cruel de terem de assessorar direta e com inteira exclusividade o mestre umbralino em sua nova jornada terrestre, Leônidas e Antero também foram compelidos a manterem com ele uma espécie de relação simbiótica extremamente complexa.

À medida que Azaziel perdia sua vitalidade espiritual, os irmãos desencarnados tiveram seus respectivos perispíritos vinculados diretamente a ele por meio de manipulação procedida pelos nefastos técnicos da Irmãos de Caim, secundados por uma intrincada e moderna aparelhagem, fornecendo-lhes, eles mesmos, fluidos energéticos com o intuito de amenizar, no que fosse possível, o intenso desgaste que Azaziel vinha sofrendo e, por consequência, os efeitos decorrentes dele.

---

20  A respeito do tema, vale a pena consultar a obra *Gestação - sublime intercâmbio* de autoria de Ricardo Di Bernardi, que aborda a questão em profundidade e à luz do espiritismo.

O mestre tencionava manter-se lúcido por mais tempo possível e minimizar os efeitos deletérios do reencarne compulsório, que já se avizinhava, até que se desse, efetivamente, seu retorno à seara terrestre.

Os três irmãos recalcitrantes — Azaziel, Antero e Leônidas — passaram a ocupar, por tempo indeterminado, um recinto semelhante a um quarto hospitalar, repleto de estranhas aparelhagens, que mantinham a dupla de obsessores ligados ao perispírito do mestre umbralino, Azaziel.

A visão do quadro dantesco, semelhante aos melhores enredos tenebrosos, era verdadeiramente impactante. Enquanto Azaziel, mantendo relativa lucidez, se reabastecia minimamente com os fluidos energéticos de Antero e Leônidas, a dupla, a seu turno, servia de meros doadores sem qualquer reposição fluídica e perdia rapidamente a consciência em função do desgaste a que se submetiam, mantendo-se, em razão de tal simbiose, em estado de sono profundo, assemelhando-se ao coma terreno.

Constantemente, Azaziel recebia em tal recinto diversos servos e confrades e dava todos os comandos necessários ao melhor funcionamento da entidade durante sua futura ausência, que se avizinhava. Em razão disso, reunia-se com líderes diversos, não apenas da Irmãos de Caim, mas de outras organizações umbralinas consorciadas.

O ritmo dos preparativos era frenético, de modo que, durante sua ausência, tudo deveria funcionar a contento, inclusive as diversas missões já em curso em que estava engajada a entidade.

Azaziel não podia perder um minuto sequer. Ele sabia que sua hora de retornar à esfera física se aproximava rapidamente e por isso se preparava sem descanso. Não havia mais escapatória.

***

Após vivenciar dolorosamente dois abortos espontâneos aos quais fora submetido em razão de sua conduta pretérita, Orestes, definitivamente, já não era mais o mesmo. Tudo se transformara abruptamente em seu íntimo.

Sabiamente, os irmãos da espiritualidade, responsáveis pelo planejamento reencarnatório do endividado ex-magnata, providenciaram para que ambas as gravidezes malogradas ocorressem em curtíssimo espaço de tempo, a fim de que o processo expiatório pudesse ser vivenciado o mais rapidamente possível.

A dor, tanto física quanto emocional, figuraram-se superlativas para Orestes, e embora o aborto, mesmo o espontâneo, se trate de um processo extremamente impactante e causador de pungente sofrimento ao espírito reencarnante, o ex-magnata vivenciou-o com profunda resignação e fé no futuro, o que lhe foi de grande proveito, permitindo que a espiritualidade interviesse da melhor maneira possível para que ele obtivesse toda a assistência necessária durante o processo.

De retorno à Raio de Luz e após um breve período de internamento em uma instituição voltada para aqueles que têm o processo reencarnatório interrompido antes de ser levado a termo, Orestes, apesar de tudo, voltou com a disposição íntima renovada.

Depois de resgatar parte da dívida contraída com o assassinato da filha e dos netos, a Orestes restou reformar-se interiormente para não incorrer novamente nos caminhos tortuosos do orgulho e da crueldade.

Com tal disposição de espírito, Orestes ofereceu-se para trabalhar no Hospital da Regeneração, instituição que o acolhera após os abortos e na qual ele, após treinamento específico, passara a atuar como ouvinte fraterno dos irmãos recém-desencarnados por meio de abortamento, dedicando-se a dialogar com aqueles que estivessem em condições e oferecendo-lhes sempre conforto, palavras de incentivo e superação, inclusive mencionando seu exemplo pessoal.

Assim, Orestes Monferrato deixou para trás o homem egoísta e cruel do passado para tornar-se um espírito acolhedor e dotado da mais sincera compreensão para com os dramas pessoais do próximo.

    Orestes, contudo, ainda não se sentia verdadeiramente redimido dos tristes equívocos cometidos no pretérito e pretendia, de outra forma e em breve, resgatar em definitivo os erros do passado.

# CAPÍTULO 22

Nos raros momentos dedicados a si mesmo, frei Serafim, quando os tinha, ocupava-se de rememorar fatos pertinentes às suas numerosas existências terrenas, o que costumava fazer diante de uma bela lagoa de um azul turquesa inenarrável situada em um mavioso recanto da Raio de Luz.

Em tais ocasiões, o nobre frei meditava em silêncio sobre os desdobramentos dos últimos acontecimentos, recordando-se, pesaroso, das numerosas interligações que relacionavam o passado ao presente e às consequências presumíveis de tais fatos para o futuro próximo.

Ao redor, a natureza daquele recanto de espiritualidade revelava toda a sua delicadeza e pujança. Em postura contemplativa, o silencioso visitante acomodara-se serenamente na margem de uma extensa lagoa, que refletia em suas águas turquesas um brilho translúcido, e, por toda a parte, belíssimos pássaros canoros enchiam de vida e de sons o ambiente deveras aprazível daquele sítio reservado da colônia.

Todo o ambiente, extremamente bucólico, remetia à reflexão e à gratidão à Providência Divina, ao Arquiteto Maior de tal magnitude.

Enquanto, entre saudoso e entristecido, frei Serafim meditava, repentinamente, abriu-se diante de si uma tela fluídica, na qual eram projetadas cenas pertinentes ao pretérito, como se, naqueles momentos de profunda reflexão, lhe fosse permitido acessar tais memórias vivamente como mero espectador, resignado e melancólico, do próprio passado.

Nitidamente, desenrolavam-se diante do saudoso frei diversos quadros de um passado que ainda se fazia presente, exercendo grande influência sobre ele e sobre os demais atores do intrincado cenário de suas sucessivas existências terrenas.

No telão projetado à sua frente, frei Serafim viu a bela Loretta Giansanti vestindo seu singelo hábito negro destinado às ricas noviças do Convento de San Bernadino. Tudo naquela radiante mulher de longos cabelos negros anelados e de olhos de um verde profundo e inebriante — enviada ao convento por seus pais em uma última tentativa de educá-la e devido a uma clara intenção punitiva, uma vez que apresentava um conhecido comportamento leviano, arredio e rebelde para os padrões da época — encantara o galante padre Domenico, já conhecido pela sua conduta sedutora e mordaz entre as jovens enviadas ao convento.

Tomado por um pungente arrependimento, Serafim viu diversas cenas desnudarem-se diante de seus olhos úmidos, recordando-o vivamente dos equívocos do passado.

Em determinado momento, o frei notou que a troca de olhares e a correspondência amorosa entre o padre Domenico e a noviça rapidamente avançara para encontros tórridos e inconsequentes.

Lá estava, diante dos olhares arrependidos do frei do presente, a Loretta Giansanti de outrora, em toda a sua beleza juvenil, seduzida e entregue aos seus braços. Os dois estavam apaixonados um pelo outro — ela, inclusive, muito mais convicta do sentimento do que ele.

Rotineiramente, encontravam-se às escondidas no convento. Esses encontros perduraram por meses a fio e aconteciam à noite, muitas vezes, nos aposentos do próprio sacerdote.

Tais fatos, embora sigilosos, cobraram um preço alto: Loretta descobriu-se grávida do sedutor padre Domenico. A concepção ocorrera nos átrios do Convento de San Bernadino, para onde a moça fora inutilmente enviada para que se "emendasse".

De forma proposital, os fatos apresentados no telão avançavam no tempo, a fim de mostrar a frei Serafim os eventos mais relevantes. Como dolorosa punição íntima, ele a tudo assistia e rememorava no coração todos os eventos desastrosos que desencadearam os fatos do presente.

Em dado instante, o grande telão apresentou a frei Serafim um quadro pungente: a bela noviça Loretta Giansanti, com a face desfeita, o rosto banhado em lágrimas, e ajoelhada diante do padre Domenico, implorava-lhe que não a deixasse sozinha. A conduta fria do sedutor impiedoso constrangia o frei Serafim, que, às lágrimas, acompanhava profundamente amargurado o diálogo terminativo:

— Querido, o que farei grávida e sozinha? Meus pais nunca me perdoarão pela insensatez que cometi em nome do nosso amor! — gemia a noviça, de joelhos e agarrada dolorosamente à batina do padre.

Imóvel, Domenico afastou a noviça de si e disse friamente:

— Livre-se desse vergonhoso incômodo! Nada tenho a ver com isso! Jamais deixarei meu sacerdócio por uma simples noviça inconsequente! — e, dando as costas a jovem em desespero, o impiedoso padre sedutor retirou-se do ambiente, ocultando a expressão dolorosa no rosto a denunciar-lhe a covardia da conduta.

Loretta quedou-se inteiramente no solo e, chorando copiosamente, sussurrou:

— Ingrato! Covarde! Nunca deixará a batina para assumir a criança que estou esperando. Que seja! Jamais atentarei contra a vida do meu filho!

Depois de pronunciar tais palavras, ela levantou-se do chão, secou o rosto lavado pelas lágrimas e, ao abrir a porta do pequeno recinto, deparou-se com duas freiras, que também eram irmãs — Stella e Laura — e que haviam acompanhado sorrateiramente, por detrás da porta, o que a noviça dissera, confirmando, assim, as suspeitas que já corriam por todo o convento da ligação amorosa do padre sedutor e da jovem impetuosa.

Tomada de espanto, Loretta implorou às duas freiras que não dissessem nada a ninguém, mas em vão, pois Stella e Laura eram conhecidas pelo caráter extremamente pernicioso. A primeira, respondendo pelas duas, disse tomada de asqueroso escárnio:

— Prepare-se, mulher sem honra, pois delataremos tudo ao venerável frei Vitoriano! Você caíra nas mãos daquela que promoverá o extermínio de sua gravidez imunda! Será mais uma freira pecadora a ser tratada por irmã Lucrécia!

Em uma atitude de extremo desespero, Loretta saiu correndo do recinto em busca de alguém que pudesse lhe prestar algum auxílio naquele momento de profundo terror, deixando para trás as irmãs que riam maldosamente.

De outro turno, trancado no interior de seus próprios aposentos e alheio aos fatos ocorridos após sua saída, padre Domenico embriagava-se sozinho, sorvendo uma bebida alcoólica vulgar que guardava entre seus pertences. Ele pensava: "Jamais abandonarei minha batina, minha vida de regalias, por uma transviada qualquer! Ela que encontre sozinha a solução para seu embaraço!".

Naquele instante, frei Serafim escondeu o rosto entre as mãos e chorou amargamente, reconhecendo a si próprio na figura sórdida e cruel do sedutor padre Domenico.

Como num *flash*, o saudoso frei reviu, diante de si, a chuva forte e o frio intenso característico do inverno na Província de Trento, que tornavam aquela desastrosa noite um verdadeiro pesadelo.

As pedras frias do chão do convento faziam doer as solas dos pés por onde Loretta, espavorida, corria descalça em busca do frei Vincenzo, que poderia socorrê-la naquele momento de extremo perigo. A jovem noviça queria salvar o filho em seu ventre a todo custo e tinha confiança de que naquele honrado religioso encontraria o auxílio que buscava.

Loretta correu rapidamente rumo à extensa biblioteca onde o frei Vincenzo, grande estudioso das ciências médicas, passava boa parte da noite estudando os grossos volumes que compunham o riquíssimo acervo da instituição.

O ambiente lúgubre e iluminado por diversos castiçais acesos e espalhados sobre as mesas postas entre as estantes abarrotadas de livros, muitos deles antiquíssimos, não deixava margem para conversações ou atitudes inadequadas; tratava-se de um ambiente voltado ao estudo e ao silêncio.

A jovem atravessou correndo o limiar da porta, de onde o avistou ao longe debruçado sobre um grosso volume de literatura médica e percebeu que ele cochilava pesadamente.

Loretta tocou-lhe abruptamente o ombro direito, implorando em um tom de voz quase inaudível:

— Caro frei, me socorra em nome de Jesus!

Atordoado, o religioso respondeu sobressaltado:

— O que houve, minha nobre irmã?! Está enferma? Há alguém necessitando de meus préstimos com urgência?

Ajoelhando-se ao lado do frei e escondendo a face entre as mãos, a noviça confessou entre lágrimas:

— Meu caro, sei que é uma alma piedosa e honrada! O caso realmente é de extrema urgência! Peço apenas que não me julgue e que me estenda sua mão bondosa. Estou grávida de um dos seus irmãos de Ordem... Ele recusou-me impiedosamente a assistência de que necessito neste momento tão delicado. Fui descoberta por duas irmãs que me entregarão para as garras de Lucrécia, a quem todas sabem o que faz quando uma de nós engravida. Não quero desfazer-me do fruto de meu ventre! Ajude-me a fugir, irmão! Preciso ir embora, antes que meu filho e eu sejamos entregues à sanha assassina de Lucrécia! Não tenho, contudo, qualquer meio ou recurso... Acuda-me em nome do Senhor Jesus Cristo!

Sem hesitar, frei Vincenzo segurou as mãos de Loretta, que estavam molhadas de lágrimas, ergueu o rosto desfeito da noviça e disse:

— Minha cara irmã, quem sou eu para julgá-la?! Você não é a primeira e certamente não será a última que, nesta casa de pecados travestida de convento, engravida de um dos nossos. Venha. Não deixarei que assassinem seu inocente rebento.

Segurando a noviça pela mão, frei Vincenzo conduziu-a até seu gabinete pessoal, de onde retirou, do interior de um pequeno cofre, todo o seu conteúdo, ou seja, uma pequena quantia em moedas de prata que serviriam para que a jovem pudesse fugir, pagar uma singela hospedagem para passar o resto da noite e custear a viagem até a casa paterna.

— Aceite minha pequena ajuda, irmã! Você terá de ir embora daqui esta noite antes que o pior aconteça. Vamos! Você precisará de uma boa montaria, já que terá de percorrer a cavalo o trajeto até sua casa. Hospede-se esta noite numa estalagem nas redondezas e, em seguida, vá até os seus. A noite é fria, e não convém a uma jovem em seu estado suportar o frio noturno, muito menos cavalgando. Venha. Quero que leve meu próprio animal!

— Meu caro frei, Deus o abençoe grandemente por tudo o que está fazendo por mim. Não tenho palavras para agradecer-lhe — disse a jovem, com a voz embargada.

— Não me agradeça. Não faço mais que minha obrigação perante Deus e a mim.

Silenciosamente, Loretta e frei Vincenzo dirigiram-se até o estábulo do convento, onde o religioso disponibilizou sua própria montaria para que a jovem noviça grávida pudesse fugir e defender a vida que crescia em seu ventre e que estava fadada à morte nas mãos de Lucrécia, sob a chancela do hipócrita frade Vitoriano de La Serra, que comandava com mãos de ferro e extrema crueldade o Convento de San Bernadino.

Assim, sem dificuldade e com a autorização expressa do frei Vincenzo, Loretta atravessou, escondida, os portões do Convento de San Bernadino cavalgando, em desabalada fuga, rumo à casa paterna, onde tinha a certeza de receber boa acolhida, apesar do fruto do pecado que carregava em seu ventre, visto que, apesar do temperamento rebelde da jovem, seus pais muito a amavam.

Naquela noite gélida de outubro, em recuado século pretérito, Loretta Giansanti, grávida do covarde padre Domenico, escapou das garras de Lucrécia — encarnação pretérita de Amparo — e do frade Vitoriano de La Serra, para defender o fruto de uma relação extremamente condenável para os padrões da época.

Frei Serafim — o sedutor padre Domenico de outrora — presenciava, profundamente entristecido, a reprodução de tais fatos do passado, ainda meditando às margens da lagoa de águas azul turquesa na Raio de Luz, onde se refugiava a fim de consultar seus antiquíssimos e dolorosos arquivos da memória.

Com a permissão da Espiritualidade Maior, frei Serafim reviu a passagem na qual, antes que as irmãs e freiras delatoras Stella e Laura tivessem ocasião de entregar o envolvimento amoroso escuso de Loretta para o temido frei Vitoriano, a jovem noviça grávida em fuga já estava a quilômetros de distância do Convento de San Bernadino.

Após receber a piedosa ajuda do frei Vincenzo, Loretta escapou a cavalo antes de sofrer, compulsoriamente, um aborto criminoso, cavalgando sozinha noite adentro, sob frio intenso, até alcançar uma modesta estalagem, onde se hospedou durante o restante da madrugada.

Na manhã seguinte, com o sol a pino, a jovem, sem dificuldade — visto que, desde a infância, se habituara a cavalgar na extensa propriedade de seus abastados genitores —, retornou à casa paterna, onde foi recebida com espanto até relatar para seus pais o real motivo que a levara a abandonar o convento.

Apesar de extremamente preocupados com a possível repercussão dos fatos, os pais de Loretta tratavam-se de espíritos amorosos que, muito embora estivessem entristecidos com a conduta da filha, não a puniram pelos graves equívocos praticados. Eles sabiam que a moça sempre foi rebelde e que o convento jamais mudaria sua natureza impetuosa e inconsequente.

Seguindo os rígidos padrões morais da época, os genitores de Loretta — embora não tivessem essa intenção — acabaram, indiretamente, aplicando na moça a maior das punições, com o intuito de protegê-la da maledicência cruel de seus pares: a peso de ouro e com a promessa de vultoso dote em propriedades, casaram a jovem grávida com o fidalgo espanhol Ramon Estevan López, rapaz de família abastada, que aceitara consorciar-se com Loretta, visto que, mesmo grávida, ela se tratava de uma bela jovem dotada de grandes atributos físicos, que despertaram no rapaz o desejo de tê-la como esposa.

Pouco tempo após sua fuga do convento, Loretta Giansanti, resignada, casou-se sem amor na Espanha — longe de sua cidade natal, a província de Trento — com o jovem fidalgo Ramon, a fim de legitimar uma gravidez considerada profundamente indigna para os padrões da sociedade daquela época.

A moça conformou-se com o matrimônio que lhe foi imposto para dar dignidade ao fruto do seu ventre, e, assim, a pequena Rúbia nasceu sadia e foi profundamente amada pela mãe. Ramon, contudo, nunca lhe dedicou verdadeiro amor paterno, embora tivesse lhe dado uma vida digna e extremamente confortável.

Rúbia — fruto do amor escuso entre Loretta e padre Domenico — tratava-se da desafortunada Luana, que, na encarnação vivenciada na capital paulista, lamentavelmente não escapou de sofrer as consequências terríveis de um aborto criminoso que seu próprio pai, Orestes Monferrato, lhe impusera a fim de manter o falso verniz social, que podia ser maculado pela gravidez indesejada da jovem.

Loretta não teve outros filhos e, alguns anos após o casamento arranjado, enviuvou do marido, que desencarnou em decorrência de uma vida permeada de excessos e boemia. Ramon, o fidalgo espanhol de outrora, tratava-se de ninguém menos que o malfadado Orestes Monferrato, o magnata impiedoso que foi vencido pelo vício no álcool.

Viúva, Loretta dedicou sua existência à amada filha única e, após a morte do marido, não se casou novamente, apesar da beleza que ainda ostentava. Ela perdera a alegria de viver, bem como todo o carácter impetuoso e inconsequente da juventude, dando lugar a uma mulher solitária e amargurada interiormente, muito embora não deixasse transparecer para os demais suas mazelas íntimas.

Naquela recuada existência, Loretta — no presente, a nobre Regina Monferrato — desencarnou aos 89 anos, ainda guardando secretamente a enorme tristeza que nutria pela rejeição covarde que lhe impusera o grande amor da sua vida, o sedutor e inescrupuloso padre Domenico, cujo paradeiro não tivera mais conhecimento naquela existência nem desejara ter, apesar de tudo.

*** 

No dia seguinte à fuga de Loretta, o Convento de San Bernadino despertou em polvorosa: a suspeita que pairava apenas em um restrito círculo de religiosos alcançara proporções gigantescas, e, rapidamente, o envolvimento escuso entre o padre e a noviça inconsequente, bem como a gravidez de Loretta, considerada indigna, chegara aos ouvidos de todos na instituição. O que era apenas um boato assumira *status* de verdade inquestionável.

As duas irmãs e freiras maledicentes, Stella e Laura — que se tratavam de ninguém menos que Leônidas e Antero, os espíritos abortados —, que haviam flagrado a jovem no auge da desventura, ocuparam-se de espalhar rapidamente o boato, além de delatarem a ambos — o covarde sedutor e a noviça — para o abade do convento, o terrível frade Vitoriano de La Serra.

Muito embora o abade já tivesse, há alargado período, conhecimento daquele e de outros envolvimentos escusos entre os religiosos, ele sempre fazia vistas grossas a ponto de designar, pessoalmente, a freira Lucrécia para proceder aos abortos das numerosas gravidezes indesejadas e resultantes dos casos escusos ocorridos entre as paredes do Convento de San Bernadino. A promiscuidade era conduta generalizada na referida instituição, fato extremamente sigiloso, que não era de conhecimento do público externo à entidade.

Após ser informado da fuga da noviça, o abade Vitoriano de La Serra dirigiu-se rapidamente ao gabinete do padre Domenico, onde o encontrou seminu, visivelmente embriagado e estirado no divã que compunha o mobiliário de seu gabinete de ares profundamente mundanos e decorado com profusão de tons escarlates, que em nada se assemelhava aos aposentos de um religioso que deveria portar-se com recato e sobriedade.

Ao constatar o estado de embriaguez do padre Domenico, que balbuciava frases sem sentido, frei Vitoriano, sem mais delongas, foi ladeado por dois outros religiosos e ordenou:

— Levante-se, homem imundo, vergonha desta casa de Deus! Vista-se! Vamos! Que seu castigo o aguarda!

Subitamente, padre Domenico, ainda sob efeito do álcool, levantou-se trôpego e constrangido do divã e, enquanto vestia o hábito sujo de vinho, disse:

— Mil perdões, abade, mas me excedi na dose de vinho, e o sono pegou-me de assalto...

Antes que ele pudesse terminar o rosário de explicações estapafúrdias, o frei Vitoriano gritou com a face enrubescida de ódio:

— Cale-se, infeliz dos infernos! Cedo ou tarde, suas aventuras custarão a reputação do meu convento! A noviça desvairada e grávida fugiu no meio da noite, e agora só nos resta rezar para que sua loucura não chegue ao conhecimento da comunidade! Já está na hora de você pagar pelas leviandades que tem cometido reiteradamente! Essa foi a última vez que seduziu uma das nossas impunemente! — e, enchendo os pulmões de ar, ordenou aos dois freis que o acompanhavam:

— Entreguem-me os cilícios!

Sem que fosse dada a oportunidade ao padre Domenico de exercer o direito de recusa, foram cravados em cada uma de suas pernas grossos cilícios, cujas pontiagudas hastes metálicas lhe transpassaram a pele implacavelmente. Padre Domenico gritou de dor enquanto o sangue escorria abundantemente.

Não satisfeito, o abade ordenou que lhe fossem acorrentadas as mãos, para que ele não pudesse remover os instrumentos de tortura que lhe foram impostos punitivamente.

Amordaçado, amarrado e supliciado, padre Domenico foi trancafiado em seu gabinete, cuja entrada foi lacrada por ordem do abade cruel.

Duramente punido pelo abade do Convento de San Bernadino, padre Domenico, em virtude dos ferimentos ocasionados pelos cilícios, sangrou silenciosamente até a morte, que veio seis dias após a punição que lhe foi aplicada.

Durante os longos momentos de agonia, antes de perder a lucidez, o padre implorou a misericórdia da Providência, que precipitou seu desencarne.

Já desencarnado, ele foi finalmente resgatado por benfeitores da espiritualidade muitos anos depois de sua morte, já arrependido das leviandades que cometera. Em espírito,

Domenico permaneceu trancafiado no recinto de sua agonia por um dilatado período — fato que ocorre muito comumente, visto que alguns espíritos permanecem vinculados aos ambientes onde desencarnaram em virtude de diversos fatores, entres os quais: pensamentos cristalizados no local, excesso de apego aos bens materiais, ausência de percepção do desencarne etc.

Grossas lágrimas rolaram na face do frei Serafim, que, ainda em posição de lótus, mantinha-se às margens da belíssima lagoa azul turquesa. Enquanto refletia, presenciava, com todo o realismo daqueles findos tempos pretéritos, os graves equívocos que cometera em seu tortuoso passado reencarnatório, quando, naquela longínqua existência terrena, a vida lhe cobrara um altíssimo preço pelas leviandades cometidas.

Já Frei Vincenzo, grande defensor da vida e versado nas ciências médicas da época, sempre combateu duramente a conduta de Lucrécia, freira indigna, encarregada de realizar os abortos das gravidezes escusas das demais freiras do Convento de San Bernadino.

Em razão da tolerância criminosa procedida pelo abade Vitoriano, Lucrécia, contudo, praticava seu ofício livremente, auxiliada por Diana, noviça que a freira escolhera para assessorá-la na função.

Devido à conduta permissiva do abade, nada parecia deter Lucrécia, que continuava exercendo sua função indigna entre as paredes do convento, sob o mais absoluto sigilo e sem qualquer conhecimento das autoridades eclesiásticas. Frei Vincenzo fazia tudo para tolher a conduta de Lucrécia, procurando combatê-la por todos os meios, porém, sempre sem sucesso.

O frei nunca fora capaz de denunciá-la às autoridades eclesiásticas, assim como não conseguira denunciar o abade, uma vez que lhe faltavam provas cabais da conduta escusa de ambos os criminosos.

Diana, por sua vez, longe de apresentar qualquer vocação religiosa, tratava-se de uma moça oriunda de família pobre, que ingressara no convento apenas e tão somente como alternativa à pobreza pungente de sua realidade familiar e, por essa exata razão, fora escolhida por Lucrécia para auxiliá-la nos procedimentos abortivos. A jovem, então, temerosa de perder o abrigo que lhe conferia a vida conventual, aceitou covardemente sujeitar-se às atividades abomináveis que lhe eram impostas por Lucrécia.

Apesar da repulsa que lhe causavam tais incumbências, Diana prosseguiu resignada, auxiliando Lucrécia no preparo das substâncias abortivas que eram ofertadas às religiosas. E, quando as freiras apresentavam a gravidez em estágio mais avançado, as duas mulheres realizavam o aborto que, algumas vezes, culminava no desencarne da gestante.

Tudo era sempre meticulosamente ocultado e nunca houvera qualquer desconfiança por parte de familiares a respeito da eventual causa da morte de tais mulheres, que eram, invariavelmente, sepultadas nos átrios do próprio convento junto com os fetos abortados. A instituição ocultava em seu cemitério inúmeras freiras desencarnadas em virtude de abortos criminosos praticados no local.

Não bastasse o enorme constrangimento causado pelas atividades a que fora sujeitada, a noviça Diana nutria uma profunda paixão recalcada por frei Vincenzo, a quem intimamente admirava. Após tomar conhecimento de que ele pessoalmente viabilizara a fuga de Loretta Giansanti, o sentimento oculto da moça intensificou-se pela grande demonstração de carácter do religioso. Diana estava apaixonada e queria, a todo custo, fazer prova da afeição que sentia pelo ser amado.

No alto de seus 27 anos, a jovem, muito embora fosse carente de recursos intelectuais, tratava-se de uma bela moça de olhos castanhos amendoados e longos cabelos loiros, que compunham uma bela moldura para o rosto bastante redondo e rosado. A caçula de cinco irmãos ostentava uma beleza invulgar, muito embora pouco valorizada nas vestes típicas do noviciado.

Diana sofria constante assédio dos padres e freis mais devassos e impertinentes do convento, mas sabia repelir adequadamente as investidas daqueles homens, tendo em vista que toda a sua afeição oculta era voltada exclusivamente para frei Vincenzo, que, além de se tratar de um religioso sério e casto, de nada desconfiava da paixão que a jovem lhe nutria e por ela votava apenas uma grave reserva e um calado desprezo, em razão das atividades que a moça, assessorando Lucrécia, se sujeitava a realizar.

A noviça, por sua vez, nutria íntima e ilusória esperança de ver correspondido seu sentimento secreto e, na ânsia de conquistar o frei e, ao mesmo tempo, ver-se livre da atividade que exerce, conseguira apoderar-se de uma missiva administrativa trocada entre Lucrécia e o abade, por meio da qual a aborteira solicitava ao religioso uma série de substâncias medicamentosas para dar adequado prosseguimento à sua atividade escusa.

Tal solicitação mencionava expressamente a que se destinavam tais substâncias e não continha apenas a solicitação de Lucrécia, mas o selo do frei Vitoriano, acompanhado de sua assinatura e de um pequeno texto, em que ele autorizava que fossem adquiridos os medicamentos com finalidades espúrias. Essa solicitação por escrito de Lucrécia, com o aval do abade, era tudo o que Diana queria colocar nas mãos de frei Vincenzo para, com isso, provar seu sentimento para o amado, esperando, no seu limitado entendimento de mulher apaixonada e sem discernimento, ser correspondida.

Era de conhecimento de todos na entidade a clara rivalidade entre Vincenzo e Vitoriano em razão dos crimes cometidos por Lucrécia e permitidos pelo abade — conduta intolerável para o escorreito frei, que se tratava de um religioso de conduta honrada e defensor da vida sob qualquer aspecto.

De posse da missiva, Diana decidiu, secretamente, procurar frei Vincenzo e fornecer-lhe a prova que faltava para incriminar, de uma só vez, Vitoriano e Lucrécia. Assim, trajando o hábito tipicamente utilizado pelos franciscanos e mantendo o rosto ocultado sob um longo capuz marrom, a noviça esgueirou-se disfarçada e silenciosa pelos corredores soturnos do convento em direção aos aposentos do frei Vincenzo. Ela bateu levemente na porta, ao tempo em que disse sussurrando:

— Nobre frei, abra! Tenho um assunto de seu interesse para tratar!

Naquele momento, segundo seu imperioso costume, o frei estava estudando em seu gabinete, quando ouviu com desconfiança a inconfundível voz da noviça Diana, que balbuciara tais palavras à sua porta.

Sem disfarçar a extrema antipatia que nutria pela jovem, frei Vincenzo, enquanto dava passagem à visitante indesejada, respondeu aborrecido:

— O que quer de mim, trajada em tais vestes e a esta hora? Não tenho interesse em conversações consigo, muito menos em meu gabinete.

Antes que o frei a expulsasse do recinto, Diana sussurrou:

— Meu caro frei, permita-me que eu lhe fale e feche a porta, pois venho tratar de um assunto importante.

— Partindo de uma pessoa como você, não vejo o que possa me interessar — respondeu, grosseiramente, frei Vincenzo.

Sem titubear, Diana rebateu:

— Vim trazer-lhe a prova que tem buscado para incriminar Lucrécia e o abade! — e, tirando de dentro das vestes o documento cabal, explicou:

— Veja! É uma solicitação de Lucrécia para o abade, em que ela pede o material para realizar os abortamentos aqui no convento! — e, colocando delicadamente o documento nas mãos do frei, ofertou-lhe a prova que ele tanto buscava para encerrar os crimes cometidos entre os religiosos daquela promíscua instituição.

Sem conter o espanto, Vincenzo leu rapidamente a missiva e identificou de pronto o selo do abade. Finalmente, tinha em suas mãos a prova que lhe bastava para denunciar a dupla de perversos criminosos às autoridades eclesiásticas.

Surpreendido pela atitude corajosa de Diana, ele segurou respeitosamente as mãos da jovem entre as suas e disse:

— Minha cara, confesso-lhe que não esperava tal conduta de sua parte, mas bendigo a Deus por tê-la aberto os olhos e agradeço-lhe por permitir que eu tome a enérgica atitude necessária para encerrar a rotina de crimes contra a vida praticados secretamente entre nossos muros. Nunca esquecerei sua atitude. Daqui por diante, pode contar comigo para o que necessitar, minha jovem. Deus a abençoe!

Aproveitando o ensejo, Diana, com lágrimas nos olhos, disse:

— Meu caro frei, o que estou fazendo não é apenas para auxiliá-lo altruisticamente em sua missão pela justiça, mas é para provar o grande amor que tenho guardado por você por todo esse tempo, desde que a Providência permitiu que eu pusesse meus olhos em seu rosto. Não há um único momento em que sua imagem não me venha à mente! Meu desejo por você é maior que minha prudência e o medo terrível que sinto de cair em desgraça. Permita-me que o faça feliz! Me deixa ser sua, nem que seja por uma noite apenas!

Depois de dizer tais palavras, Diana, sem conter-se de desejo, tentou roubar um ardente beijo de Vincenzo, ocasião em que foi grosseiramente afastada por ele. Enquanto a expulsava do seu gabinete, o frei disse sussurrando:

— Quem pensa que sou, meretriz do demônio?! Vá embora, mulher indigna! Não tenho nenhum interesse em seu amor leviano!

Batendo-lhe violentamente a porta na cara, frei Vincenzo rejeitou Diana, que, humilhada e em lágrimas, se retirou para os próprios aposentos. A dor da rejeição brutal iria custar-lhe muito mais do que seu orgulho de mulher, agora ferido mortalmente.

Após tais acontecimentos, com o intuito de acabar com os crimes nefastos ocultados sob os muros do Convento de San Bernadino, frei Vincenzo não titubeou e, de posse da prova cabal em suas mãos, procurou pessoalmente o alto clero em Roma, para denunciar os terríveis crimes cometidos pelo abade Vitoriano e sua comparsa, a freira Lucrécia.

Quando foi notificado da denúncia procedida por seu maior rival, o abade Vitoriano, fazendo uso de manobras políticas indignas e utilizando-se do grande prestígio que gozava no alto escalão da Igreja, foi inocentado de todas as acusações. A culpa, então, recaiu inteiramente sobre os ombros de Lucrécia, que não gozava do mesmo prestígio e que, após ser inteiramente destituída de suas funções, foi acusada de bruxaria e rapidamente condenada pelo Santo Ofício.

Ironicamente, a sessão de julgamento foi orquestrada pelo próprio abade Vitoriano de La Serra, que ordenou que Lucrécia fosse queimada viva nos átrios do Convento de San Bernadino, diante de todos os religiosos, em um tenebroso espetáculo que, por muitos anos, assombrou a memória dos espectadores atônitos e temerosos.

Muito antes de tal desfecho, Diana, a noviça auxiliar de Lucrécia, quedou-se em estado de profunda tristeza e visível abatimento em virtude da brutal rejeição de frei Vincenzo. Semanas depois, tomada por uma alarmante magreza — visto que recusava qualquer alimento — e por um grave estado febril ininterrupto, acompanhado de uma tosse sanguinolenta, a noviça foi diagnosticada com a temida Doença do Rei[21] e acabou desencarnando precocemente, amargurada e profundamente enferma, nos átrios do convento.

---
21 Como era conhecida a tuberculose na Idade Média.

Apesar do enorme esforço empreendido, frei Vincenzo, o denunciante de todos os crimes cometidos por Lucrécia e Vitoriano, foi incapaz de lutar contra a influência nefasta do abade e, como punição pela denúncia procedida, foi impedido de retomar suas atividades no convento, para onde nunca mais retornou. O religioso foi transferido para uma paróquia diminuta, onde foi proibido de exercer qualquer atividade vinculada à Medicina e destituído das funções mais caras ao seu coração, em virtude de manobras políticas procedidas pelo abade, criminosamente inocentado.

No íntimo do coração do frei Vincenzo, a maior das punições que recebeu, no entanto, ocorreu quando ele tomou conhecimento da morte trágica de Diana, pela qual se sentia inteiramente responsável.

O frei Vincenzo nunca foi capaz de redimir-se do tratamento desumano que dispensara à pobre noviça apaixonada, mantendo, assim, um profundo sentimento tardio de arrependimento e pesar, que o acompanhou até o fim de sua jornada terrestre naquela existência de profunda frustração, na qual, anônimo, solitário e em idade avançada, desencarnou em virtude da debilidade do corpo físico.

# CAPÍTULO 23

No alto do céu escuro, a lua despontava imponente e bela naquela noite iluminada, em que, silenciosamente, Virgílio e Consuelo caminhavam à beira-mar, em Copacabana. Quando se viram sozinhos, lado a lado diante da praia, os jovens nada disseram. Após o encerramento do expediente na Santa Casa, os dois se dirigiram à praia, conforme haviam combinado no dia anterior.

Consuelo estava magnífica. Seus grandes olhos castanhos cintilavam, emoldurados pela pele branca e pelos longos cabelos ondulados. Nada disso passara despercebido por Virgílio, que, encantado, roubou, com sofreguidão, o primeiro beijo do casal. A jovem Consuelo, a seu turno e sem qualquer constrangimento, correspondeu ao beijo, que se seguiu de muitos outros.

Naquela noite quente do verão carioca, a jovem órfã de passado obscuro e o estudante pobre de Medicina apaixonaram-se perdidamente.

Com o passar do tempo, o sentimento recíproco fortaleceu-se, e os dois, convivendo rotineiramente no labor em favor dos miseráveis pacientes da Santa Casa, passaram a nutrir uma profunda admiração um pelo outro.

Consuelo — a noviça Diana de outrora — amava o namorado dedicado, honesto e humilde. Virgílio — o intolerante frei Vincenzo do pretérito — encantava-se com o desprendimento da jovem, que, apesar de rica, se dedicava com afinco ao labor em prol dos desfavorecidos. Os dois jovens, reunidos e transformados espiritualmente pela ação infalível da Providência, resgataram o amor que não fora vivenciado, alhures, em recuado século.

Embora apaixonada pelo rapaz, Consuelo, no entanto, jamais lhe revelou seu passado tortuoso, motivada por um receio profundo de que ele a repudiasse por isso. Mantendo a todo custo tal segredo, a moça nunca mencionou seu pretérito equivocado, com o intuito de preservar a união que a regenerara interiormente, curando-lhe as cicatrizes de uma vida de graves delitos.

Assim, pouco mais de três anos após o encontro inicial, os dois jovens aguardaram Virgílio concluir o curso de Medicina e começar a clinicar para se casarem em uma singela cerimônia católica. Consuelo já se sabia grávida do médico, fato que era de conhecimento apenas do casal, que decidira guardar segredo para não alarmar a família do rapaz, que, apesar de humilde e gentil, era guiada pelo profundo conservadorismo da época.

Os jovens passaram a residir na casa de Consuelo, assessorados pela nobre Matilde, que se mostrava feliz por ver que a patroa dera um sentido à sua existência.

A seu turno, Matilde também apresentou a doutrina espírita a Virgílio, que, mesmo nutrindo uma inabalável fé católica, tal como seus pais, se comprometeu a ler as obras basilares.

O jovem médico respeitava a crença da esposa, não interferia em sua rotina de fé na doutrina dos espíritos e, sempre que possível, acompanhava Consuelo durante a prática do evangelho no lar, que é de valiosa importância durante a gestação. A prática influencia salutarmente o espírito reencarnante e a própria gestante, pois sintoniza mãe e filho com seus respectivos mentores e, por meio do intercâmbio positivo com a Espiritualidade Maior, facilita o processo de regresso à vida física. Por vezes, o espírito reencarnante é capaz de captar a mensagem da reunião e ser doutrinado e melhor preparado para o retorno à vida terrestre

Rapidamente, o tempo passou, e a gravidez, que fora ocultada da família de Virgílio antes do casamento, já estava próxima de completar o nono mês. A família do rapaz preparava-se, alegremente, para a chegada da desejada criança que viria em breve, contudo, o afortunado casal não sabia que a vida lhes reservava uma grata e, sobretudo, desafiadora surpresa divina.

***

Após as duas gestações frustradas e dolorosas a qual fora submetido para expiar o aborto que obrigara a própria filha a vivenciar, fato que ceifara precocemente a existência da jovem Luana, Orestes regenerara-se.

Além da disposição interior do ex-magnata ter se modificado — agora voltada para o contínuo e seguro processo de reforma íntima —, Orestes optou por transformar, igualmente, a aparência do seu perispírito. Ele adotara um aspecto mais sereno, encanecido e uma parca cabeleira branca. Além disso, rugas profundas faziam parte do seu semblante geral, que nem de longe lembravam a altivez do ex-magnata Monferrato.

Apesar das visíveis mudanças que empreendera a fim de enterrar o homem cruel e inescrupuloso que um dia figurara, ainda doía no íntimo de Orestes o remorso causado pelos crimes odiosos cometidos em desfavor da própria filha e dos espíritos que viriam na posição de netos naquela recuada existência e pela dor da perda amargada pelo jovem

Virgílio, especialmente após tomar conhecimento, quando já estava na erraticidade, de que o rapaz se tratava de um espírito de grandes virtudes, honesto e que amara, profundamente, sua desditosa filha. Orestes tinha conhecimento de tudo isso agora, o que lhe causava ainda maior constrangimento íntimo, aumentando-lhe as mazelas de cunho moral.

Apesar de já ter alcançado o perdão da filha assassinada por sua culpa, ele também ansiava pelo perdão dos netos — ainda inacessíveis no momento —, que nutriam grande ódio por todos os envolvidos no desencarne trágico a que foram submetidos. Orestes também desejava obter o perdão de Virgílio para prosseguir mais serenamente sua dura escalada rumo ao progresso espiritual.

Assim que obteve autorização para locomover-se com mais liberdade na esfera terrestre, visando executar missões diversas em prol dos assistidos do Hospital de Regeneração, tal como o resgate na crosta terrestre de espíritos desencarnados em função de abortos, Orestes decidiu que iria, por sua conta, pedir o perdão que tanto seu espírito ansiava.

Com a expressa autorização de seus mentores, Orestes, então, dirigiu-se à residência da família Pires de Godoy — parte do sobrenome de Virgílio adotado por Consuelo após o casamento —, a fim de encontrar-se com aquele com quem iria comunicar-se pela primeira vez após os lamentáveis fatos que deram ensejo ao sofrimento de tantas pessoas que se amavam.

Em estado de desdobramento, o jovem médico já o aguardava em pé, ao lado do leito onde seu corpo físico repousava pesadamente, enlaçado de modo carinhoso por Consuelo, que também estava adormecida.

Orestes aproximou-se do rapaz que irradiava em torno de si uma belíssima aura, cujos feixes de luz de um azul claríssimo impressionaram vivamente o visitante, constrangido pela presença de espírito daquele que, sem dizer até então uma única palavra, demonstrava, por meio das emanações energéticas sutis e delicadamente belas que emanava, que se tratava de um irmão em situação evolutiva muito superior à sua.

Num gesto de profunda humildade, o ex-magnata ajoelhou-se diante do jovem e, emocionado, balbuciou:

— Meu irmão, peço-lhe perdão pela dor infame que lhe causei por conta de meu egoísmo irracional! Só Deus sabe que não há um único dia em que não me arrependa da insensatez que cometi em seu desfavor e de tantas almas caras ao meu coração! Perdoe-me, meu irmão, pelo monstro que fui! — repetia Orestes em lágrimas, ajoelhado, sem ousar voltar a face para o rapaz.

Virgílio, que, em desprendimento, tinha total conhecimento dos fatos que ocasionaram o desencarne precoce de Luana e fora acometido de compaixão pelo tocante gesto de arrependimento do algoz do passado, tomou entre as mãos o rosto desfeito de Orestes e disse:

— Você já tem meu perdão há muito mais tempo do que supõe. Sei o quanto tem sofrido pelo remorso e confesso-lhe que, quando fui informado de que me visitaria, tomei tal notícia com a alegria de quem, finalmente, virará mais uma dolorosa página da vida para, finalmente, escrever um novo capítulo na longa jornada de progresso espiritual. Você errou, assim como eu mesmo errei no pretérito e necessitei também do perdão do próximo. Recomece sua jornada e semeie na vinha do Senhor! E, um dia, quem sabe, colheremos juntos os frutos da alegria! Com bem disse, sou seu irmão. Supere o passado que eu mesmo já superei. Fique em paz, pois estou em paz! — e, erguendo afetuosamente Orestes do solo onde estava ajoelhado, finalizou: — Siga seu caminho serenamente e que Deus esteja com você hoje e sempre!

Ouvindo tais palavras, Orestes beijou as mãos de Virgílio em um silencioso sinal de agradecimento e, despedindo-se, disse:

— Seu perdão redentor é como um bálsamo para meu espírito torturado pelas dores dos graves erros cometidos. Que a Providência o abençoe por me proporcionar, no dia de hoje, o início da verdadeira cura interior!

Tomado por profunda gratidão, o ex-magnata retirou-se da alcova com o espírito tranquilizado pela misericórdia divina que possibilitou a ocasião de receber, do próprio Virgílio, o perdão de que tanto seu espírito necessitava para recomeçar verdadeiramente.

***

Após perderem a luta contra a força irresistível que os atraía, Azaziel, Antero e Lêonidas, profundamente inconscientes, foram direcionados para o interior de uma redoma de calor assustadora e, ao mesmo tempo, reconfortante e entraram em processo de miniaturização[22]. Os três, sem que pudessem defender-se do magnetismo imensurável que os atraía para o centro genésico do espírito abnegado que lhes recebera, alcançaram, finalmente, o recôndito feminino.

Os três espíritos vinculados pelos graves débitos que alimentaram entre si e com terceiros voltaram para as batalhas terrestres por meio do precioso intercâmbio da gestação.

Apesar de todos os esforços envidados para adiar tal momento, Azaziel não apenas retornou à pátria terrestre, como também Antero e Leônidas retornaram graças ao admirável empenho dos Arquitetos da Espiritualidade — as equipes do Mundo Maior especializadas no grave processo gestacional compulsório em curso, como era o caso dos três —, que logravam êxito, dia após dia, em desfavor dos inúmeros irmãos desencarnados que desejavam exatamente o contrário, ou seja, o insucesso daquela grave empreitada reencarnatória.

---

22  Redução volumétrica do perispírito do desencarnado, durante a gravidez da mulher, para adequar-se ao corpo do bebê que o aguarda.

Espíritos recalcitrantes, vingativos e profundamente comprometidos perante as Leis da Providência, retornaram, a contragosto e à custa de hercúleos esforços em conjunto, ao ventre materno, cercados de todos os cuidados possíveis para que a gestação em franco desenvolvimento não fosse interrompida pelas forças escusas que desejavam o retorno do mestre Azaziel e de seus asseclas aos descaminhos da Irmãos de Caim.

Consuelo, que assumira definitivamente a necessária postura de mulher redimida e conscienciosa do seu compromisso perante a Espiritualidade e empreendera uma sensível reforma íntima, cercou-se de todos os cuidados possíveis para que sua gravidez não sofresse com o assédio incessante dos espíritos inconformados com o retorno do mestre umbralino à esfera terrestre.

A prece, a prática do evangelho no lar, a assiduidade de Consuelo — na medida do possível, em virtude do seu delicado estado gravídico — ao grupo espírita que passara a frequentar e o esforço constante para manter os pensamentos em elevado padrão vibratório favoreceram sobremaneira o trabalho de Regina, de frei Serafim e da própria Luana, que atuaram diretamente no processo gestacional daqueles irmãos para que os três espíritos recalcitrantes pudessem resgatar as dívidas contraídas alhures.

O lar do casal encontrava-se verdadeiramente protegido pela Espiritualidade, visto que o ambiente era de grande harmonia íntima, o que favoreceu a concretização do reencarne. Numa linda e quente tarde de dezembro, os três irmãos gêmeos, pequeninos, frágeis e saudáveis, retornaram para a batalha terrestre pelas mãos do próprio pai, o surpreso doutor Virgílio, com o auxílio de Matilde e cercados pelos amigos da espiritualidade.

Laura, uma linda menina de olhos verdes e belos, seguida de dois outros meninos igualmente bonitos, Bernardo e Mateus, foram aconchegados no leito ao lado de Consuelo, que estava absolutamente extenuada. As três crianças retornaram aos braços daqueles que deveriam recebê-los como filhos na árdua jornada que os aguardava dali por diante.

Por intermédio de Consuelo, Virgílio reencontrava os dois filhos que lhe haviam sido dolorosamente subtraídos no passado, e o monstruoso Azaziel do pretérito retornava, por meio do corpinho feminino e delicado de Laura, para iniciar seu processo de depuração espiritual.

Consuelo e Virgílio, o improvável casal vinculado por dolorosos equívocos pretéritos, finalmente, construíram a família que seria o berço luminoso do resgate de espíritos seriamente comprometidos em virtude das implicações espirituais da prática do aborto.

Naquele instante de renascimento, todos eles, com grande assistência da espiritualidade, tinham exclusivamente em suas mãos o poder de mudar, por meio do amor mútuo e abnegado, os erros cometidos no pretérito, que os interligavam inescapavelmente.

***

Da poltrona em que estava sentado tentando ler as notícias do dia, Virgílio observava encantado a pequena Laura, que ensaiava seus primeiros passos cambaleantes.

Enquanto a infante, auxiliada pela prestimosa Matilde, começava a sustentar aquela divertida caminhada insegura, os outros dois irmãos, Bernardo e Mateus, posicionados em suas respectivas cadeirinhas, eram alimentados pacientemente por Consuelo, que se desdobrava para dar conta de todos os cuidados pertinentes aos trigêmeos.

A casa, alegre, movimentada e barulhenta contava também com a presença dos pais de Virgílio, que foram visitá-lo por ocasião dos festejos natalinos.

O clima geral no ambiente era de grande animação, e outros visitantes, que lá estavam de passagem, também estavam igualmente alegres e esperançosos. Presentes no recinto, Orestes, frei Serafim, Regina e Luana irradiavam as melhores energias para o ambiente.

Entre alegre e comovida e levemente tocada por um sutil saudosismo, Luana mencionou para os demais visitantes desencarnados:

— Vejam só como todos são lindos! Os meninos são parecidíssimos com Virgílio, e Laura tem os traços da mãe!

Mantendo-se respeitosamente calado, apesar de profundamente emocionado, Orestes observava as crianças. Enquanto isso, estreitando a filha saudosa entre os braços e compreendendo a delicadeza da situação, Regina disse:

— Minha querida, sua família está aqui ao seu lado, e seus filhos, tão caros ao seu coração, estão sendo amados e protegidos pela belíssima família encarnada que a Providência concretizou. Você acompanhará os passos de cada um deles conosco ao seu lado, e, quem sabe um dia, possamos aguardá-los de retorno à Pátria Espiritual. Tenhamos fé de que todos eles saberão aproveitar a grande oportunidade redentora de retornar à seara terrestre sob a proteção de uma família amorosa e acolhedora. Confiemos na misericórdia divina!

Ouvindo as belas palavras de Regina, frei Serafim, sensato, arrematou:

— Aguardemos, esperançosos e em Cristo Nosso Senhor, para que desta feita todos os tristes equívocos cometidos por eles sejam resgatados de forma plena. E que nós, que também tivemos expressivo quinhão de responsabilidade na queda de uns e outros, saibamos auxiliá-los nos momentos de infortúnio, que virão, em grande soma, para cada um deles.

Os quatro visitantes, então, proferiram uma sentida prece em conjunto e, alegres e comovidos, retiraram-se do recinto de retorno à Colônia Raio de Luz, que os aguardava para o labor amoroso.

    Essa fora a primeira de muitas visitas do grupo ao afetuoso lar da família Pires de Godoy.

# EPÍLOGO

Trancafiada por um dilatado lapso temporal na cela imunda da Irmãos de Caim, onde se encontrava cativa e mutilada, Amparo nada sentia ou falava. Ela permanecia imóvel, catatônica e coberta de uma espécie de lama escura e pegajosa.

Completamente refratária a qualquer apelo da Espiritualidade Superior e inacessível às preces dos mais caridosos amigos tarefeiros, a dementada encontrava-se em doloroso processo expiatório, intensificado pelos integrantes da organização umbralina no interior da qual se encontrava subjugada.

Agentes a serviço da perversa entidade tentaram, em reiteradas ocasiões e por diversos meios, fazê-la de moeda de troca: que fosse permitido o acesso a Azaziel — presentemente reencarnado no corpo da pequena Laura — e, em troca, seria entregue aos tarefeiros da Colônia Raio de Luz, a desditosa Amparo.

Longe, no entanto, de satisfazer os planos cruéis da entidade, os Arquitetos da Espiritualidade, envolvidos naquele delicado processo expiatório, jamais se submeteram à chantagem daqueles irmãos desequilibrados.

Assim, contando com vasta rede de proteção magnética e escoltada por prestimosos tarefeiros da Raio de Luz — contra os quais nada puderam fazer os membros da perversa organização —, Luana, rompendo o cerco feito no entorno da sede da Irmãos de Caim, atravessou, imune, os escaninhos do pavoroso castelo e abriu, pessoalmente, a cela que mantinha presa sua assassina do pretérito, iluminando com sublime e delicada luz redentora todo o deletério ambiente do cadafalso em que se encontrava a prisioneira.

    Sem qualquer hesitação e tomada por profunda piedade, Luana segurou nos braços a demente coberta de lodo fétido e resgatou a criminosa que já cumprira aquela dolorosa etapa do processo expiatório, levando-a diretamente ao Hospital de Regeneração situado na Colônia Raio de Luz, onde a enferma se encontra, hoje, ainda em grave tratamento para recobrar a lucidez e estar em condições de ser encaminhada, no futuro, para uma nova jornada terrena sob os auspícios da Providência.

*Fim*

## GRANDES SUCESSOS DE
# ZIBIA GASPARETTO

Com 18 milhões de títulos vendidos, a autora tem contribuído para o fortalecimento da literatura espiritualista no mercado editorial e para a popularização da espiritualidade. Conheça os sucessos da escritora.

### Romances
*pelo espírito Lucius*

| | |
|---|---|
| A verdade de cada um | O matuto |
| A vida sabe o que faz | O morro das ilusões |
| Ela confiou na vida | Onde está Teresa? |
| Entre o amor e a guerra | Pelas portas do coração |
| Esmeralda | Quando a vida escolhe |
| Espinhos do tempo | Quando chega a hora |
| Laços eternos | Quando é preciso voltar |
| Nada é por acaso | Se abrindo pra vida |
| Ninguém é de ninguém | Sem medo de viver |
| O advogado de Deus | Só o amor consegue |
| O amanhã a Deus pertence | Somos todos inocentes |
| O amor venceu | Tudo tem seu preço |
| O encontro inesperado | Tudo valeu a pena |
| O fio do destino | Um amor de verdade |
| O poder da escolha | Vencendo o passado |

## Crônicas

A hora é agora!
Bate-papo com o Além
Contos do dia a dia
Pare de sofrer
Pedaços do cotidiano

O mundo em que eu vivo
O repórter do outro mundo
Voltas que a vida dá
Você sempre ganha!

## Coleção – Zibia Gasparetto no teatro

Esmeralda
Laços eternos
Ninguém é de ninguém

O advogado de Deus
O amor venceu
O matuto

## Outras categorias

Conversando Contigo!
Eles continuam entre nós vol. 1
Eles continuam entre nós vol. 2
Eu comigo!
Em busca de respostas
Grandes frases
Momentos de inspiração

O poder da vida
Pensamentos vol. 1
Pensamentos vol. 2
Recados de Zibia Gasparetto
Reflexões diárias
Vá em frente!

# Sucessos
## Editora Vida & Consciência

### Amadeu Ribeiro

A herança
A visita da verdade
Juntos na eternidade
O amor não tem limites
O amor nunca diz adeus

O preço da conquista
Reencontros
Segredos que a vida oculta vol.1
A beleza e seus mistérios vol.2
Amores escondidos vol. 3

### Ana Cristina Vargas
*pelos espíritos Layla e José Antônio*

A morte é uma farsa
Além das palavras
Almas de aço
Código vermelho
Em busca de uma nova vida
Em tempos de liberdade
Encontrando a paz

Escravo da ilusão
Ídolos de barro
Intensa como o mar
Loucuras da alma
O bispo
O quarto crescente
Sinfonia da alma

### André Ariel

Além do proibido
Em um mar de emoções
Eu sou assim
Surpresas da vida

### Carlos Henrique de Oliveira

Ninguém foge da vida
Tudo é possível

### Carlos Torres

A mão amiga
Passageiros da eternidade
Querido Joseph (pelos espírito Jon)
Uma razão para viver

### Cristina Cimminiello
A voz do coração (pelo espírito Lauro)
As joias de Rovena (pelo espírito Amira)
O segredo do anjo de pedra (pelo espírito Amadeu)

### Eduardo França
A escolha
A força do perdão
Do fundo do coração
Enfim, a felicidade
Vestindo a verdade
Vidas entrelaçadas

### Evaldo Ribeiro
Aprendendo a receber
Eu creio em mim
O amor abre todas as portas (pelo espírito Maruna Martins)

### Floriano Serra
A grande mudança
A outra face
Amar é para sempre
Ninguém tira o que é seu
Nunca é tarde
O mistério do reencontro
Quando menos se espera...

### Gilvanize Balbino
De volta pra vida (pelo espírito Saul)
Horizonte das cotovias (pelo espírito Ferdinando)
O homem que viveu demais (pelo espírito Pedro)
O símbolo da vida (pelos espíritos Ferdinando e Bernard)
Salmos de redenção (pelo espírito Ferdinando)

### Jeaney Calabria
*pelo espírito Benedito*
Uma nova chance

## Juliano Fagundes

Nos bastidores da alma (pelo espírito Célia)
O símbolo da felicidade (pelo espírito Aires)

## Lucimara Gallicia
*pelo espírito Moacyr*

Ao encontro do destino
O que faço de mim?
Sem medo do amanhã

## Marcelo Cezar
*pelo espírito Marco Aurélio*

Acorde pra vida!
A última chance
A vida sempre vence
Coragem para viver
Ela só queria casar...
Medo de amar
Nada é como parece
Nunca estamos sós
O amor é para os fortes
O preço da paz
O próximo passo
O que importa é o amor
Para sempre comigo
Só Deus sabe
Treze almas
Tudo tem um porquê
Um sopro de ternura
Você faz o amanhã

## Márcio Fiorillo
*pelo espírito Madalena*

Lições do coração
Nas esquinas da vida

## Maura de Albanesi
*pelo espírito Joseph*

O guardião do Sétimo Portal
Coleção Tô a fim

## Maurício de Castro
*pelo espírito Hermes*

Caminhos cruzados

## Meire Campezzi Marques
*pelo espírito Thomas*

A felicidade é uma escolha
Cada um é o que é
Na vida ninguém perde
Uma promessa além da vida

## Mônica de Castro
*pelo espírito Leonel*

- A força do destino
- A atriz
- Apesar de tudo...
- Até que a vida os separe
- Com o amor não se brinca
- De bem com a vida
- De frente com a verdade
- De todo o meu ser
- Desejo – Até onde ele pode te levar? *(pelos espíritos Daniela e Leonel)*
- Gêmeas
- Giselle – A amante do inquisidor
- Greta
- Impulsos do coração
- Jurema das matas
- Lembranças que o vento traz
- O preço de ser diferente
- Segredos da alma
- Sentindo na própria pele
- Só por amor
- Uma história de ontem
- Virando o jogo

## Rose Elizabeth Mello

- Como esquecer
- Desafiando o destino
- Livres para recomeçar
- Os amores de uma vida
- Verdadeiros Laços

## Sérgio Chimatti
*pelo espírito Anele*

- Ecos do passado
- Lado a lado
- Os protegidos
- Um amor de quatro patas

## Thiago Trindade
*pelo espírito Joaquim*

- As portas do tempo *(pelo espírito Joaquim)*

**Conheça mais sobre espiritualidade com outros sucessos.**

vidaeconsciencia.com.br   /vidaeconsciencia   @vidaeconsciencia

# ZIBIA GASPARETTO

# Eu comigo!

*"Toda forma de arte
é expressão da alma."*

Zibia Gasparetto convida você a mergulhar no seu mundo interior. Deixe os problemas de lado, esqueça o negativismo e libere o estresse do dia a dia. Passeie por entre as figuras, inspire-se com cada mensagem e coloque cor em seu mundo. Use suas tonalidades preferidas, libere o potencial criativo que existe dentro de você.

*Eu comigo!* é um livro para quem quer fugir da rotina e buscar aquela sensação de paz que a arte pode proporcionar. Inspire sua alma com as frases de Zibia Gasparetto criadas especialmente para você e ricamente ilustradas com desenhos encantadores.

Bem-vindo ao seu mundo interior.

www.vidaeconsciencia.com.br

**VIDA & CONSCIÊNCIA**
EDITORA

Rua Agostinho Gomes, 2.312 — SP
55 11 3577-3200

contato@vidaeconsciencia.com.br
www.vidaeconsciencia.com.br